LA CABEZA DE JOAQUÍN MURRIETA

ALEJANDRO ROSAS

LA CABEZA DE JOAQUÍN MURRIETA

Planeta

Diseño e imágenes de portada: cortesía de Prime Video
Diseño de interiores: Sandra Ferrer

Bajo el sello editorial PLANETA M.R.
Avenida Presidente Masarik núm. 111,
Piso 2, Polanco V Sección, Miguel Hidalgo
C.P. 11560, Ciudad de México
www.planetadelibros.com.mx

Primera edición en formato epub: marzo de 2023
ISBN: 978-607-07-9879-5

Primera edición impresa en México: marzo de 2023
ISBN: 978-607-07-9880-1

Impreso en los talleres de Impresora Tauro, S.A. de C.V.
Av. Año de Juárez 343, colonia Granjas San Antonio, Ciudad de México
Impreso y hecho en México – *Printed and made in Mexico*

Índice

Prólogo

Joaquín Murrieta:
la historia que se transformó en leyenda

Señores: soy mexicano,
pero comprendo el inglés,
me lo aprendí con mi hermano
al derecho y al revés.
A cualquier americano
lo hago temblar a mis pies.
Me he paseado en California
por el año del cincuenta,
con mi montura plateada
y mi pistola repleta.
Yo soy ese mexicano,
mi nombre es Joaquín Murrieta.

El pueblo cantó su historia guitarra en mano, narró sus andanzas, presumió su valentía y el arrojo con el que enfrentaba a los gringos. Esa fue la imagen que el tiempo construyó sobre Joaquín Murrieta, a quien la gente dijo haber conocido como el Patrio; la misma imagen que más de sesenta años después de su muerte inspiró al escritor Johnston McCulley a escribir *La maldición de Capistrano* (1919), novela cuyo protagonista es un justiciero al más puro estilo Robin Hood que les robaba a los estadounidenses ricos para repartir el botín entre los pobres mexicanos y cuyo sobrenombre se hizo famoso desde entonces: el Zorro.

Pero Joaquín Murrieta nunca llevó capa ni antifaz, ni dejaba tatuada su inicial en la piel de sus enemigos. Jamás habría usado la espada cuando la moda era el mortífero revólver Colt de seis tiros o en su defecto el cuchillo. Tampoco era dicharachero, bromista o seductor como el romantizado Zorro.

Murrieta era el jefe de una banda de forajidos mexicanos dedicados al robo de ganado, caravanas y oro de los pueblos mineros en California, territorio que durante algún tiempo se convirtió en tierra de nadie, un lugar donde no cabía la ley y donde cualquier persona, sobre todo mexicana, podía amanecer colgada de un árbol acusada falsamente, con el único fin de robarle sus propiedades.

Como muchos otros, Joaquín, el sonorense, se convirtió en bandido. No le tembló la mano para matar y nunca vio con buenos ojos a los estadounidenses por razones personales, no porque hubieran despojado a México de más de dos millones de kilómetros cuadrados de territorio después de la guerra con Estados Unidos (1846-1848).

La vida de Joaquín Murrieta es al mismo tiempo historia y leyenda; una historia de nebulosas verdades que flotaron sobre las extensas llanuras, las montañas, los bosques y los condados de California durante la fiebre del oro que comenzó en 1848; una historia que se inscribe en la desaforada ambición de miles de migrantes que llegaron a la región en busca del nuevo El Dorado; una historia en la que los estadounidenses hicieron valer el derecho de conquista que creían tener una vez que California se convirtió en un estado más de la Unión Americana.

No era un justiciero, pero la gente creyó que sí; nunca luchó por la libertad, ni por el territorio mexicano ni para defender a sus compatriotas de la ambición y ferocidad de los gringos de la época, pero se convirtió en un símbolo de resistencia en momentos en que la muerte estaba normalizada y recorría los caminos de California.

Joaquín Murrieta no era un libertador, pero la gente del pueblo así lo vio: rayo y azote de los norteamericanos que abusaban de los extranjeros. No era el jefe de una guerrilla empecinada en resistir, era el cabecilla de una banda de cuatreros. A Joaquín Murrieta le decían el Patrio, aunque no por una idea clara y precisa de lo que significaba el patriotismo; se cuenta que así lo llamaron los gringos ante su incapacidad de pronunciar *el Prieto*. Así que su heroico sobrenombre provino de la ausencia de talento gringo para aprender a pronunciar correctamente el español. Pero nombre es destino y la historia del Patrio alcanzó la dimensión de un cantar de gesta.

Su muerte a manos de los gringos y su cabeza expuesta de cantina en cantina, de pueblo en pueblo, de circo en circo, le imprimieron un sentido novelesco a la historia de Murrieta, y un halo de macabro romanticismo.

Un año después de su muerte, en 1854, el periodista cheroqui Rolling Ridge, conocido como Yellow Bird, escribió *Vida y aventuras de Joaquín Murrieta*, obra en la cual lo convirtió en el justiciero, en el libertador, en el defensor de los mexicanos, en el líder de la resistencia, en el guerrillero patriota, en todo lo que no había sido.

La obra de Yellow Bird, según el periodista Ángel Trejo Raygadas, dio origen a cuando menos cien versiones distintas de la vida de Joaquín, escritas por varias manos y con distintas voces.

Murrieta pasó la prueba del tiempo. Las interpretaciones sobre sus andanzas son tan contradictorias que incluso Pablo Neruda escribió sobre él y le otorgó la nacionalidad chilena, versión que desde luego no tenía sustento ni relación con la dinámica de la nueva línea fronteriza trazada con la boca de los cañones estadounidenses y que afectó a miles de familias que una noche fueron a dormir siendo mexicanos y al día siguiente despertaron gringos.

La presente obra es una interpretación libre de la vida de Joaquín Murrieta, tejida entre los hechos históricos que tienen sustento documental y la leyenda con que lo revistió la tradición oral. El resultado es una narración de lo que pudo haber sido el lejano oeste, la historia de un sonorense cuya única bandera fue la venganza y un mundo que se movía entre el olor a pólvora y la horca.

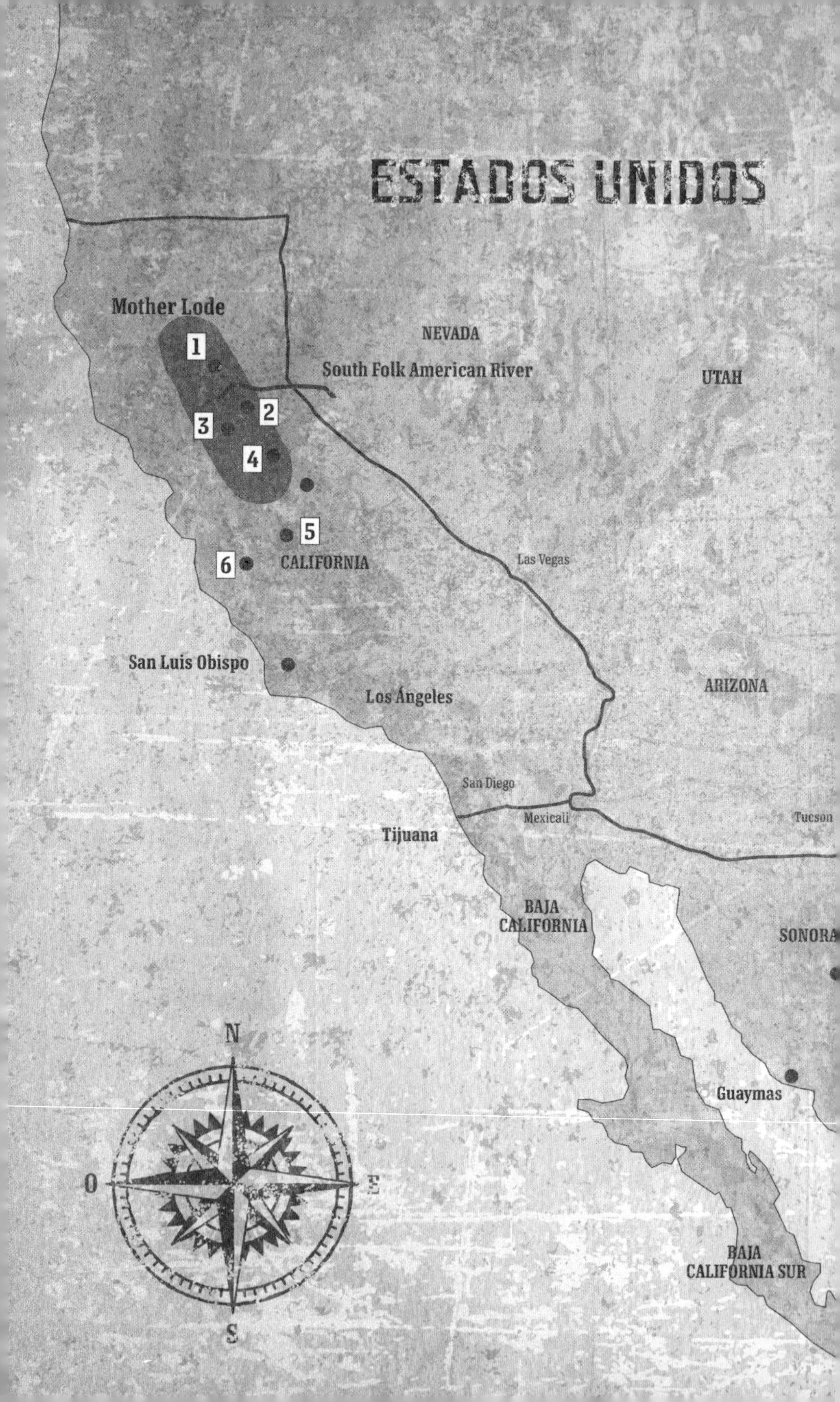
ESTADOS UNIDOS
Mother Lode
1
2
3
4
5
6
NEVADA
South Folk American River
UTAH
CALIFORNIA
Las Vegas
San Luis Obispo
ARIZONA
Los Ángeles
San Diego
Mexicali
Tucson
Tijuana
BAJA CALIFORNIA
SONORA
Guaymas
BAJA CALIFORNIA SUR
N
O
E
S

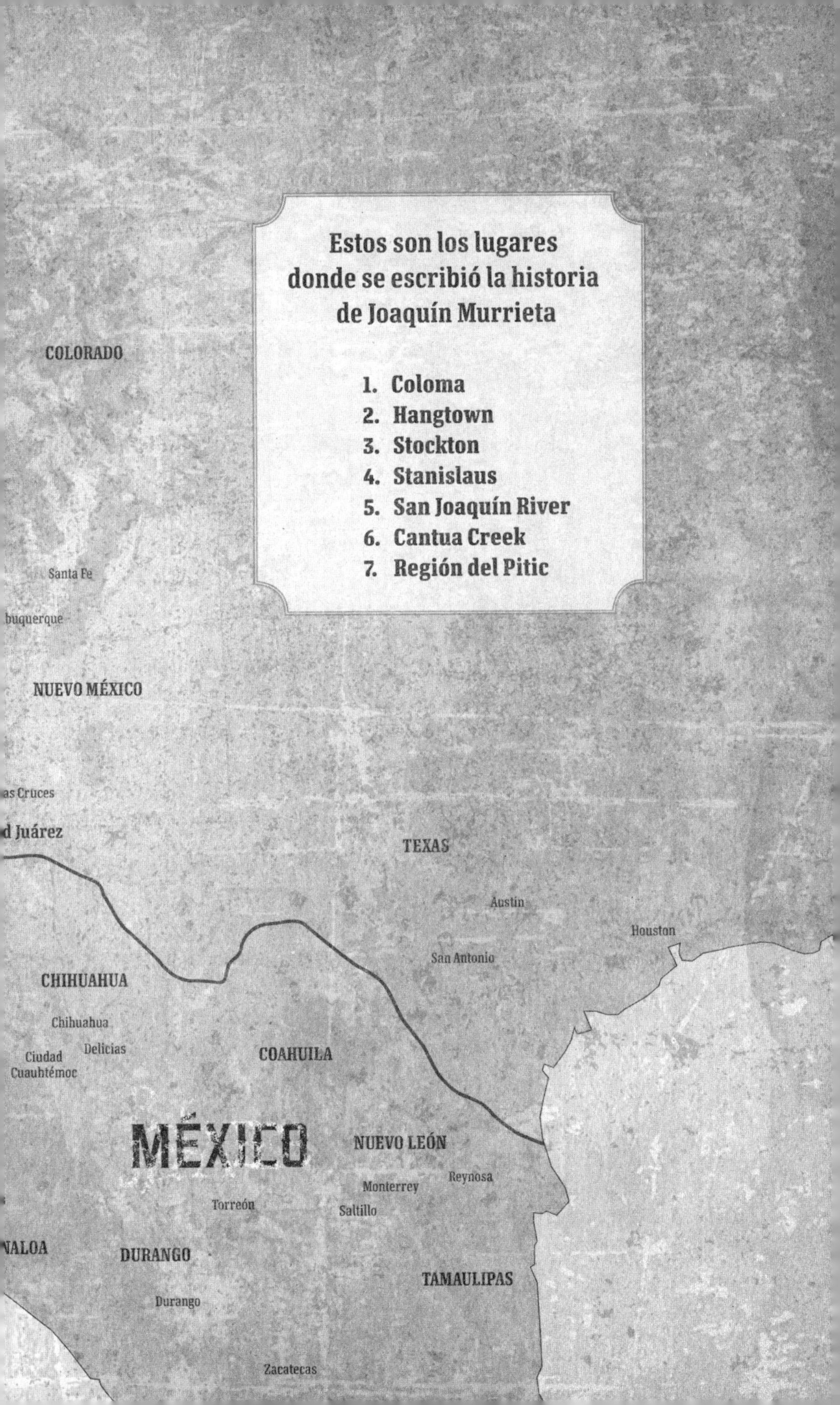
Estos son los lugares
donde se escribió la historia
de Joaquín Murrieta
1. Coloma
2. Hangtown
3. Stockton
4. Stanislaus
5. San Joaquín River
6. Cantua Creek
7. Región del Pitic
COLORADO
Santa Fe
buquerque
NUEVO MÉXICO
as Cruces
d Juárez
TEXAS
Austin
Houston
San Antonio
CHIHUAHUA
Chihuahua
Delicias
Ciudad
Cuauhtémoc
COAHUILA
MÉXICO
NUEVO LEÓN
Reynosa
Monterrey
Torreón
Saltillo
NALOA
DURANGO
TAMAULIPAS
Durango
Zacatecas

1

Barniz de ataúd

Entró en la cabaña abandonada, tomó asiento junto a una mesa, sacó de su mochila de campaña una botella de whisky, le retiró el corcho con los dientes y bebió sin parar durante algunos segundos, luego colocó sobre la mesa una bolsa de tela de la que escurría un líquido oscuro apenas perceptible en la penumbra.

El capitán Harry Love bebía whisky como si fuera agua; su garganta estaba acostumbrada a la mezcla de alcohol crudo de maíz, azúcar quemada y tabaco de mascar que los lugareños de aquella región de California fermentaban en barriles de madera podrida y que podía servir incluso para curar heridas. Tomaba un vaso de un sorbo sin hacer un solo gesto y enseguida repetía la dosis.

Poco le importaban el sabor o los nombres que la gente le daba a los whiskies caseros, como *coffin varnish* (barniz de ataúd), *tarantula juice* (jugo de tarántula), *red eye* (ojo rojo), que parecían más una advertencia que una invitación. Al final, solo importaba obtener el efecto deseado: un extraño sopor que le infundía valor para despreciar su vida y la de los otros, y que le ayudaba a menguar los dolores luego de cabalgar por horas.

Aquella noche, el capitán les pidió a sus hombres que encendieran el fuego y las lámparas de aceite, y de pronto se proyectaron sus sombras fantasmagóricas en toda la habitación, danzando lentamente en las paredes de madera. Todos estaban excitados luego del festín de sangre. La barba de candado de Harry Love estaba teñida de rojo, se la atusó un par de veces y metió la mano en la bolsa de tela, de donde sacó una cabeza humana que alzó frente a todos tomándola de los cabellos; tenía los ojos abiertos, llenos de azoro, que señalaban el momento en que su corazón recibió el tiro que le quitó la vida.

Los hombres del capitán gritaron eufóricos y bebieron. Como la cabeza aún sangraba, puso un cuchillo al fuego y, cuando estuvo al rojo vivo, lo pasó por la piel, la carne y el hueso de tal forma que logró cauterizar a medias el tajo hasta que dejó de sangrar. La cabaña se llenó de un profundo olor a carne quemada. Colocó la cabeza sobre la mesa, volvió a hurgar en la bolsa y sacó una segunda cabeza, que mostraba dos orificios de bala. La colocó con indiferencia junto a la primera, como si no fuera nadie importante, y repitió la operación para detener el sangrado, luego extrajo una mano cercenada que alzó frente a sus compañeros, una mano que solo tenía tres dedos y que cauterizó con su cuchillo Bowie.

El capitán Love pidió un par de recipientes lo suficientemente grandes como para colocar las dos cabezas y la mano, les ordenó a sus hombres que le entregaran todo el whisky que cargaban, lo vertió sobre los restos humanos y los cubrió casi por completo. El color ámbar del alcohol se mezcló con las finas estelas de sangre en un líquido oscuro, pero que con la luz titilante de la habitación dejaba ver con claridad el rostro de ambos forajidos. A pesar de lo grotesco de la escena, era la mejor manera de evitar la rápida descomposición de las cabezas mientras decidía su destino.

El jefe de los *rangers* colocó una silla frente a sus trofeos y se sentó a mirarlos mientras sonreía satisfecho. No quedaba más whisky, pero no tuvo empacho en sumergir un vaso en aquel líquido ambarino y sanguinolento. «No por nada se llama barniz de ataúd», pensó luego de mirarlo a contraluz. Alzó el vaso hacia una de las cabezas y brindó.

—Por ti, Murrieta. ¡Salud! —Y bebió todo de un sorbo.

Tierra de nadie

Joaquín Murrieta parecía un fantasma que cabalgaba por la inhóspita California de mediados del siglo XIX, tiempos en los que era más probable encontrarse con una tribu de indígenas indomables que con algún ranchero o un aventurero de los muchos que migraban al oeste de Estados Unidos en busca de fortuna.

Casi como una aparición diabólica, la gente decía haberlo visto en un lugar y en otro y otro más, lo cual era imposible, pues entre poblados mediaban decenas de leguas y jornadas enteras a caballo. Por eso resultó fácil señalarlo como un bandido, terror de hombres y de mujeres, de gambusinos, de ganaderos, y atribuirle asaltos, violaciones y asesinatos.

En el imaginario de los estadounidenses que comenzaban a poblar el oeste del país, Joaquín Murrieta era un azote, una amenaza a sus propiedades y vidas. Pero para los mexicanos que habitaban la zona fronteriza, y cuyo mundo se había venido abajo luego de la guerra entre México y Estados Unidos, era un justiciero.

El destino lo había llevado a California, las circunstancias lo empujaron irremediablemente y la vida le reservó un lugar en aquellas tierras donde tendría que escribir su historia, pero había nacido mexicano y al menos en sus primeros años todo parecía indicar que compartiría el futuro con sus paisanos sonorenses.

Sus padres, Juan Murrieta y Juana Orosco, estaban avecindados en la villa de San Rafael, El Alamito, en Sonora, cerca de la Villa del Pitic, fundada en 1700. A finales de 1821 llegó a Sonora la noticia de que México había alcanzado su independencia en septiembre de ese año, aunque, a ciencia cierta, nadie sabía qué significaba eso ni cómo afectaría la vida cotidiana de la gente.

Probablemente ni siquiera le dieron importancia; en mayor o menor medida, la Corona española había tenido abandonada la región durante siglos, pues las expectativas del Gobierno virreinal siempre estuvieron puestas en el Camino Real de Tierra Adentro, una ruta comercial de gran importancia que comenzaba en Santa Fe, Nuevo México, y terminaba en la ciudad de México, pero que estaba alejada por completo de los áridos caminos de Sonora. La vida de Joaquín estuvo marcada por el olvido de Dios desde su origen.

Los sonorenses novohispanos aprendieron a sobrevivir sin más apoyo que el de las autoridades locales frente a un medio geográfico inhóspito; las altas temperaturas de la región, que eran inclementes, y las incursiones apaches, que eran comunes. Nadie pensó que las condiciones mejorarían con la independencia, incluso podrían empeorar, porque al nuevo Gobierno le tocaría organizar un imperio con poco más de cuatro millones de kilómetros cuadrados de territorio que a la Corona española le había llevado trescientos años administrar.

La familia Murrieta Orosco fue muy prolífica. Joaquín fue uno de los diez hijos que procrearon y, aunque a la fecha no se puede confirmar el año exacto de su nacimiento, se cree que nació en 1830.

Por aquel entonces, México había dejado atrás la monarquía constitucional moderada; Agustín de Iturbide, el libertador, había ascendido al trono en 1822 y abdicó en 1823, y ya descansaba dos metros bajo tierra luego de que fuera fusilado por órdenes del Congreso en julio de 1824, al regresar del exilio.

Cuando nació Joaquín Murrieta, el país ya se había organizado como república y su familia padeció la primera división política que definió al territorio nacional. Algunas provincias de la otrora Nueva España se unieron en un solo estado, como Coahuila y Texas o el estado de los zacatecas, que entonces incluía a Aguascalientes. Sonora y Sinaloa también constituyeron un solo estado y su extensión territorial consideraba una buena parte del actual estado de Arizona, que se perdió en la guerra con Estados Unidos.

Aunque la Constitución de 1824 se refería al estado de Sonora y Sinaloa, en la Constitución local las autoridades lo llamaron «Estado de Occidente» y su primera capital fue El Fuerte, Sinaloa. La unión de ambos territorios fue un desastre, por lo que en 1830 se separaron; fue así como un año después se crearon los estados libres y soberanos de Sinaloa y de Sonora, con el argumento de que ambas regiones eran incompatibles por sus diferentes climas, por «los genios y las costumbres» de sus habitantes y porque lo que perjudicaba a uno beneficiaba al otro: los sinaloenses, por ejemplo, consideraban injusto que tuvieran que pagar las milicias organizadas en Sonora para combatir a las tribus salvajes que asolaban a las poblaciones establecidas más al norte.

A pesar de la división política de la nueva República, la familia Murrieta Orosco permaneció en El Alamito porque estaba relativamente cerca de la Villa del Pitic, que cambió de nombre a Ciudad de Hermosillo y en 1828 y 1832 fue designada capital del estado de Sonora.

Eran los inicios de una década de nuevos tiempos y, con una población de ocho mil personas, Hermosillo y sus zonas aledañas parecían ofrecer un futuro venturoso para los habitantes de la región. La vida de Joaquín, de sus hermanos y de sus padres transcurrió en cierta calma ya que Hermosillo recibió más recursos económicos, lo que les permitió a las autoridades locales alentar la economía y garantizar la seguridad de la región frente a las incursiones apaches.

Además, la familia Murrieta quería permanecer en la zona porque no perdía la esperanza de descubrir El Dorado, leyenda que había surgido siglos atrás y según la cual existía una ciudad de oro en algún lugar de Sonora. Joaquín creció con esas fantásticas historias que, de ser ciertas, le darían fama y fortuna.

Las cabezas

Los primeros rayos de luz iluminaron las cabezas de Joaquín y de su lugarteniente, Manuel Duarte, conocido como Tres Dedos. El capitán Love había madrugado y sus hombres apenas despertaban luego de la sangrienta celebración que habían improvisado la noche anterior. El día apenas clareaba, pero a finales de julio el calor no daba cuartel ni siquiera en las primeras horas del día. Se escuchaba el zumbido de las moscas que, en espera de un festín, volaban encima de los cuerpos cercenados de Murrieta y su compañero de andanzas.

El cometido de la misión había sido cumplido, Murrieta y sus principales hombres ya eran cadáveres, pero al parecer habían escapado algunos de sus secuaces con vida, por lo que era necesario continuar la persecución hasta darles alcance y llevarlos vivos o muertos ante las autoridades de California.

Los cuerpos degollados develaban la crueldad del capitán Love y su inescrupuloso comportamiento, que era de todos conocido desde que perseguía apaches en Texas. Sin embargo, Love no había actuado por venganza o sadismo, sus razones eran más pragmáticas.

El capitán tenía la intención de cargar con los cuerpos de Murrieta y el resto de sus hombres hasta Fort Miller, donde se encontraba el destacamento militar más cercano, pero la principal dificultad eran las altas temperaturas: los cadáveres hubieran llegado completamente putrefactos tras exponerlos al calor de más de 40 °C durante las varias jornadas que separaban a la comitiva del poblado donde estaba la autoridad competente.

El jefe de los *rangers* debía demostrar, de algún modo, que Murrieta yacía dos metros bajo tierra y la mejor prueba —y la más práctica— era llevar su cabeza, el cuerpo no importaba. Por otra parte, cumplía a cabalidad con las condiciones de la recompensa ofrecida: cinco mil dólares «por la cabeza» del forajido sonorense.

El día anterior, luego de haber dado cuenta del bandolero mexicano y de Tres Dedos, el capitán y sus hombres cargaron con los cadáveres hasta la cabaña y los arrojaron al suelo. Antes de ingresar, Love le ordenó a su lugarteniente, el capitán Burns, que le cortara la cabeza a Murrieta. La tomó de la cabellera al instante y comenzó a cortar el cuello.

La operación tomó varios minutos y Burns comenzó a sudar. Como la hoja de acero no estaba tan afilada, fue necesario hacer varios cortes hasta que finalmente logró desprender la cabeza del cuerpo. Mientras Love atestiguaba lo torpe que era su compañero, pensó que también sería bueno llevarse como trofeo de caza la cabeza de Tres Dedos y, para que no quedara duda de su identidad, ordenó que le cortaran la mano que daba fe de su legendario apodo.

Esa mañana, los cadáveres comenzaron a emanar un nauseabundo olor a putrefacción, así que algunos *rangers* tomaron sus palas, cavaron dos fosas profundas, les quitaron la ropa a todos los muertos y los arrojaron en las tumbas improvisadas. No había nada de valor en la vestimenta de los forajidos.

A Love le pareció más importante continuar la persecución de los hombres de Murrieta que habían logrado escapar que llevar personalmente las cabezas ante las autoridades, por lo que le ordenó a Burns y a John Sylvester, sus hombres de confianza, que se encargaran de su traslado a Millerton, la población más cercana a Fort Miller.

El problema de las altas temperaturas volvió a ser una preocupación; las cabezas no podían ser transportadas en los contenedores de aluminio que los *rangers* usaban para transportar su preciado whisky, ya que el inclemente calor las cocinaría en pocas horas. Con ramas secas, los hombres improvisaron una especie de canasta, sacaron las cabezas y la mano del recipiente donde el capitán Love las había colocado la noche anterior, las dejaron escurrir durante algunos minutos y luego las envolvieron con las camisas de los propios forajidos. Nadie hubiera imaginado que los *rangers* llevaban cabezas humanas.

La macabra canasta fue atada a la silla de Burns y encima colocaron el resto de la ropa de tal modo que las cabezas quedaron inmóviles y bien cubiertas; olían a whisky, como si las hubieran marinado toda la noche para cocinarlas. Al menos eso pensó Sylvester, mientras ayudaba a montar a Antonio López, otro de los hombres de Murrieta que se había rendido cuando se enfrentaron con los gringos y a quien debían entregar también en Fort Miller. Burns y Sylvester se despidieron del capitán Love y acordaron reunirse unas semanas más tarde para repartir la recompensa.

Un rato después, Love les ordenó a sus hombres ensillar los caballos. También llevaban a un prisionero de apellido Ochoa, que luego de atestiguar lo que habían hecho con el cuerpo y las cabezas de sus compañeros no tuvo empacho en cooperar y prometió señalar los principales escondites que tenía la banda de Murrieta en la región.

Burns decidió tomar un atajo por una zona pantanosa entre el lago Tulare y el río San Joaquín. Un camino más rápido, y más peligroso. La nueva ruta les ahorraría más de una jornada a caballo; pero, debido al deshielo de las montañas, la zona pantanosa se había extendido, así que un paso en falso y estarían en problemas.

Los jinetes cabalgaron durante algunas horas y al caer la tarde se internaron en las ciénagas. Tuvieron que avanzar con lentitud porque el camino estaba encharcado y en la penumbra se perdía el sendero que seguían. Al frente marchaba Burns, en medio López y al final Sylvester. No podían darse el lujo de cometer alguna torpeza, pues la valiosa carga que llevaban se convertiría en cinco mil dólares, así que nadie le jugó al valiente y la audacia quedó para mejor ocasión.

Burns se adelantó un poco para ver si había paso franco, pues en cualquier momento podían encontrar a forajidos o indios salvajes que los atacarían de inmediato para quitarles lo que llevaban. La oscuridad era casi absoluta cuando el caballo de López pisó un hoyo y comenzó a hundirse rápidamente. Sylvester le gritó a Burns, pero no hizo nada por salvar a López, que iba atado a la silla de su caballo y gritaba desesperado pidiendo auxilio. En cuestión de minutos, caballo y jinete habían sido devorados por el pantano.

Los dos *rangers* presenciaron la muerte del mexicano sin inmutarse. Burns encendió un cigarrillo y le gritó a Sylvester que apurara el paso. Finalmente salieron de la zona pantanosa y llegaron a la orilla del río San Joaquín, donde debían tomar un *ferry* para cruzarlo. Ahí se encontraron con Sam Bishop, un viejo conocido de ambos que había participado con ellos en la guerra contra las tribus indígenas de la región que no se sometían ante los nuevos colonos norteamericanos.

Bishop ahora se encargaba del *ferry*, así que los dos *rangers* encontraron buena acogida con su antiguo compañero. Ya había pasado lo peor, las cabezas estaban a salvo y navegaban por el río San Joaquín.

Una vez en tierra firme, Bishop les invitó a Burns y Sylvester unos tragos. Ya con sus copas encima, los *rangers* le contaron de su encuentro con Murrieta y sus hombres. Años después, Bishop recordaría:

> Les pregunté a los hombres qué evidencia tenían que probara la muerte de Murrieta y Tres Dedos. Sonrieron sombríamente y señalaron el paquete que habían dejado sobre la mesa. Uno de ellos quitó el pedazo de tela y debajo había una canasta hecha con ramas de sauce. Al momento de quitar las ramas pude ver tres objetos. Eran dos cabezas humanas y una mano con solo tres dedos en ella. Rápidamente reconocí las facciones repulsivas de Tres Dedos; el testimonio de la mano mutilada era innegable. Las facciones de la otra cara eran muy ligeras para un mexicano y las asocié con un guapo joven que había visto cabalgar varias veces en la cercanía de la reserva. Nunca pensé que fuera el famoso bandido. Sus facciones eran ligeras y un tanto agradables; parecía no tener más de 21 años. Tiempo después me enteré de la edad de Murrieta gracias a sus familiares.

Los dos *rangers* aceptaron poner las cabezas y la mano de los bandidos en un barril de whisky que Bishop les ofreció. El barril fue atado a una mula que rentaron y así continuaron su camino hacia Fort Miller, donde los recibió el doctor William F. Edgar, que sugirió que la cabeza de Tres Dedos no tenía valor, ya que el calor y las balas en el cráneo habían dañado severamente el rostro del bandido.

Burns y Sylvester decidieron sepultar la cabeza en el cementerio de Fort Miller y solo conservaron la mano de Tres Dedos y la cabeza de Murrieta. El Dr. Edgar, siempre generoso, quiso facilitarles la tarea y rápidamente perforó la piel de la cabeza del justiciero mexicano e insertó un cordón de cuero crudo para facilitar su movilización. Lo mismo hizo con la mano. La presencia de los trofeos sombríos causó conmoción dentro del propio campamento.

Mientras esperaban el regreso de Harry Love y el resto del grupo, Burns y Sylvester cabalgaron hacia el campo minero de Millerton. Ahí, la cabeza y la mano fueron exhibidas en la taberna local. La gente hacía fila para ver los espantosos objetos con sus «manijas de cuero». Los *rangers* bebieron gratis esa tarde.

2

La guerra del fin del mundo

La vida cotidiana en la región del Pitic, donde estaba asentada la familia Murrieta hacia mediados de la década de 1840, parecía suspendida en el tiempo. Como ocurría en casi toda la República, las campanadas de los templos marcaban los vaivenes de cada jornada en Hermosillo: el inicio de la faena laboral, la oración del mediodía, el descanso y el recogimiento al caer la noche.

Las noticias provenientes del centro del país tardaban en llegar semanas y poco importaban, pues era común que, cuando se sabía de algún levantamiento armado en la capital, de la caída de algún presidente o de otro de los desfiguros del general Antonio López de Santa Anna, que por entonces era la figura política más importante de México, ya era historia o las circunstancias políticas habían cambiado nuevamente.

Hermosillo se encontraba en medio de la nada, aislado de cualquier circunstancia que pudiera detonar el desarrollo regional. Con Santa Fe, en Nuevo México, mediaban 1 146 kilómetros; la distancia a la ciudad de Chihuahua era de 895 kilómetros y, para llegar a San Antonio, en Texas, era necesario recorrer más de 1 600 kilómetros.

Todos los trayectos se hacían en carretas o a caballo, siempre con el riesgo de toparse con tribus salvajes o filibusteros estadounidenses que de pronto creían que las tierras mexicanas escondían grandes tesoros y hacían incursiones en las escasas y aisladas poblaciones del norte de México. El ferrocarril apenas comenzaba su auge constructor en el este de Estados Unidos, pero a México tardaría aún varias décadas en llegar.

La economía regional se sostenía gracias al comercio que se desarrollaba en los puertos de Guaymas y Álamos, a los que llegaban mercancías de otras regiones del Pacífico mexicano y en donde mandaban las élites locales, que tenían sus propios conflictos.

Hacia 1846, cuando Joaquín tenía alrededor de 16 años, México atravesaba uno de los momentos más críticos de su relación con Estados Unidos. Los texanos habían proclamado su independencia diez años antes y en 1845, mediante un plebiscito, votaron en favor de que la República de Texas se uniera a Estados Unidos, lo cual no fue reconocido por el Gobierno mexicano y tensó nuevamente las relaciones.

Para nadie era un secreto, ni en la ciudad de México ni en ninguna otra parte del país, que los gringos estuvieron detrás de la independencia texana y apoyaron a los rebeldes con filibusteros, mercenarios, armas, municiones y todo lo necesario para derrotar al ejército mexicano que fue a someter a los texanos. La independencia de Texas significó que México perdiera cuatrocientos mil kilómetros cuadrados de territorio y varias salidas importantes al golfo de México, como el puerto de Galveston.

Aunque Sonora parecía estar al margen del conflicto entre el Gobierno mexicano y el estadounidense en 1846, sonaban también los tambores de guerra, pues Estados Unidos desplegaba una política expansionista desde décadas atrás y a todas luces quería extender su dominio hasta la costa del Pacífico al costo que fuera. Se avecinaba un enfrentamiento en la frontera norte de México, mientras que en Sonora las élites locales estaban en pugna para imponer sus propios proyectos regionales y poca importancia prestaron a la posibilidad de una guerra que se veía cada vez más cercana.

A principios de 1846, se cuenta que el joven Joaquín Murrieta y su padre viajaron a la ciudad de México. Es posible que se hubieran marchado en busca de alguna concesión de tierras o algún permiso para dedicarse a la minería. Joaquín quedó impresionado con la otrora capital de la Nueva España y ahora capital de la República, donde todo era movimiento, gente en las calles, comercios por todos lados, gritos y pregones, carruajes que transitaban sin cesar y el teatro nacional, que apenas unos años antes era conocido como el gran teatro de Santa Anna.

Era una ciudad que rebasaba por mucho lo que había imaginado: la gran cantidad de templos, de edificios públicos, el Palacio Nacional con sus dos pisos junto a la catedral y la enorme Plaza Mayor, donde aún se divisaba el intento fallido de erigir un monumento para conmemorar la Independencia, pero como los recursos no alcanzaron solo fue posible construir el zócalo, como se le conocía a la base del monumento.

La Alameda, el bosque de Chapultepec con sus manantiales, los volcanes que aún se divisaban desde cualquier ubicación, el enorme lago, que si bien había disminuido su extensión, aún era el gran espejo de agua en el que se reflejaba el cielo azul del valle de México. Todo era nuevo y maravilloso para el joven sonorense y su padre, aunque no tardaron en padecer la burocracia capitalina.

El Gobierno se preparaba para un posible conflicto armado con Estados Unidos y nadie prestaba atención a los asuntos administrativos, menos aún de otros estados de la Federación. En todo caso, cualquier permiso debían tramitarlo con el Gobierno local de Sonora, que enfrentaba a dos familias por el poder regional: los Urrea y los Gándara. Decepcionados del trato recibido, Joaquín y su padre regresaron a Hermosillo para continuar con su vida, que no tardó en transformarse dramáticamente.

En mayo de 1846 estalló la guerra entre México y Estados Unidos. Era un conflicto que tarde o temprano tenía que llegar porque el expansionismo norteamericano no se detendría ante nada y buscaba que su territorio tuviera salida al océano Atlántico por el este y al Pacífico por el oeste. Desde meses atrás, el Gobierno estadounidense había impulsado un ambiente bélico entre sus ciudadanos, de tal forma que solo era necesario un pretexto para declararle la guerra al Gobierno mexicano.

Una escaramuza entre soldados mexicanos y estadounidenses en la línea fronteriza fue suficiente para que el Congreso norteamericano apoyara al presidente James K. Polk en su guerra contra México y declarara la guerra.

De inmediato comenzó la movilización de las tropas estadounidenses. El Ejército del norte, comandado por Zachary Taylor, avanzó desde el río Bravo y para septiembre de 1846 había ocupado la ciudad de Monterrey; el general Winfield Scott desembarcó en Veracruz en marzo de 1847 y avanzó hacia el centro del país; para agosto, ambos ejércitos habían llegado al valle de México, y el 14 de septiembre la bandera de las barras y las estrellas ondeaba sobre el Palacio Nacional en la ciudad de México.

En el mismo mes de mayo de 1846, cuando comenzó el conflicto, el presidente Polk ordenó que otra parte del ejército estadounidense marchara desde Texas sobre Nuevo México, cuya población de Santa Fe era la más importante, y luego continuara la ofensiva hacia la Alta California. Tres meses después, los gringos se habían apoderado de Los Ángeles.

Guaymas

En Sonora cundió la alarma una vez que el ejército norteamericano ocupó Santa Fe. Los sonorenses pensaban que el siguiente paso del enemigo sería avanzar sobre Hermosillo y desde ahí hasta la costa del Pacífico. El Gobierno se preparó para resistir la invasión, pero no sucedió nada.

Sonora no tenía importancia para los gringos; desde el inicio del conflicto, su principal objetivo era apoderarse de la Alta California y de sus dos poblaciones más importantes: San Francisco, fundada como un caserío y con su misión franciscana en 1776, y Los Ángeles, cuya fundación fue en 1781.

Sin embargo, para evitar que el Gobierno mexicano enviara refuerzos y víveres a San Francisco, los gringos decidieron bloquear Guaymas, y el 7 de octubre de 1846 se presentó un navío norteamericano que bombardeó el puerto, pero no hubo ningún desembarco de tropas.

Para febrero de 1847, la Alta California había caído por completo en poder de los estadounidenses y los restos de las tropas mexicanas que habían participado en su defensa se reagruparon en Hermosillo. El gobernador reunió dinero, organizó a la guardia nacional y esperó pacientemente una invasión terrestre.

Para esos momentos, los estadounidenses sabían que la guerra se inclinaría en su favor. El Ejército mexicano en la mayor parte del país apenas oponía resistencia, las armas que utilizaba eran de la época de la Guerra de Independencia, los soldados estaban mal comidos, mal vestidos y mal apertrechados, y los principales jefes, encabezados por Santa Anna, mostraban su incapacidad frente al enemigo.

La familia Murrieta, al igual que muchas otras familias sonorenses, vivía el día a día con el Jesús en la boca. La incertidumbre aniquilaba el ánimo de la gente; aunque el estado no había sido teatro de operaciones durante la guerra, el comercio estaba limitado, los puertos del Pacífico estaban bloqueados por los norteamericanos y nadie sabía en qué momento llegaría el ejército invasor para arrasar con todo.

El tiempo transcurría y cada semana que pasaba las noticias que llegaban del centro eran más desalentadoras. «Cayó Monterrey», «Cayó Matamoros», «Santa Anna tenía a los gringos casi derrotados en la Angostura y se retiró de último momento», «Cayó Veracruz», «en Puebla recibieron a los norteamericanos sin disparar un solo tiro». «Los invasores ya están en la ciudad de México, el Gobierno Federal ha cambiado su sede a Querétaro. La capital se ha rendido». Una tras otra, las noticias mostraban que el país entero estaba derrotado.

Un mes después de la ocupación de la capital del país, en octubre de 1847, los norteamericanos finalmente decidieron atacar y ocupar el puerto de Guaymas. A pesar de la preocupación de sus padres, Joaquín Murrieta se incorporó a la guardia nacional como voluntario para defender su patria chica. Fue la primera vez que vio de frente a los norteamericanos.

Los obuses cruzaban el cielo de Guaymas antes de caer sobre alguna de las construcciones del puerto para destruirla. Joaquín permanecía bajo resguardo, esperando el desembarco para entrar en acción. Sabía manejar las armas y era hábil con el cuchillo, pero nunca los había utilizado para quitarle la vida a una persona. Sin embargo, también tenía la certeza de que, llegado el momento, tendría que hacerlo o en poco tiempo su familia le estaría rezando una novena a su cadáver.

Ante la falta de artillería y municiones, el ejército mexicano decidió retirarse del puerto y dejar a su suerte a la guardia nacional y a sus moradores. El joven Murrieta no entró en combate; antes de que la destrucción fuera mayor, las autoridades políticas del puerto, sobre todo las familias propietarias de los negocios y del comercio, optaron por entrar en arreglos con las tropas invasoras y, desde octubre de 1847 hasta junio de 1848, sonorenses y norteamericanos coexistieron de manera pacífica en Guaymas.

Los gringos permitieron que fluyera el comercio para beneficio de todos y la gente rápidamente comenzó a acostumbrarse a la presencia del ejército de ocupación. Lo que más llamaba la atención, al igual que sucedió en la ciudad de México, es que los norteamericanos pagaban con dinero en efectivo, no se valían de préstamos forzosos, confiscaciones, expropiaciones o vales, como solían hacerlo las autoridades mexicanas, que nunca tenían dinero en las arcas públicas. Así que, pese a las circunstancias, los invasores no fueron vistos con malos ojos.

Sin embargo, Joaquín fue testigo de la forma humillante y despectiva con la que los soldados extranjeros trataban a los mexicanos. Sobre todo a los de las clases populares. Había un desprecio por sus costumbres, por su religiosidad, por la gente que mendigaba en las calles. Los gringos se mostraban siempre con aires de superioridad moral, creían merecer esos territorios mexicanos, sentían que Dios los había elegido para encargarse de toda América e implantar sus instituciones. Ese era el destino manifiesto del que se hablaba tiempo atrás. Una misión providencial que tenían los norteamericanos y a la que todos debían someterse.

Joaquín nunca entró en conflicto con aquellos oficiales del ejército estadounidense, pero no olvidó. Luego de varias semanas en Guaymas, volvió a su terruño, al lado de su familia en Hermosillo. Todos pensaban que solo era cuestión de tiempo para que los invasores se fueran del país, que no tardaría en firmarse la paz y todo volvería a la normalidad en unos cuantos meses.

La ocupación militar no podía ser eterna porque los norteamericanos no querían cargar con los mexicanos en la nueva configuración geográfica que se vislumbraba. Pero nadie sabía, ni siquiera imaginaba, que el mundo conocido hasta entonces estaba por transformarse por completo. Nada volvería a ser igual; se avecinaba el fin de una época, de una historia.

El 2 de febrero de 1848, representantes del Gobierno mexicano y representantes del Gobierno estadounidense firmaron el Tratado de Guadalupe-Hidalgo, cuyo título oficial era una forma eufemística de decir «despojo»: *Tratado de paz, amistad, límites y arreglo definitivo entre los Estados Unidos Mexicanos y los Estados Unidos de América*.

La nueva «amistad» entre ambos países estableció que México se obligaba a cederle a Estados Unidos dos millones cuatrocientos mil kilómetros cuadrados —poco más de la mitad de su territorio— a cambio de quince millones de pesos. Así, de un plumazo, los mexicanos perdieron la Alta California, Nevada, Utah, Nuevo México, Arizona, Colorado y partes de Oklahoma, Kansas y Wyoming. La nueva línea divisoria se recorrería varios kilómetros hacia el sur y estaría marcada por el cauce natural del río Bravo.

Todavía estaba lejano el momento de conocer cuáles serían las consecuencias del tratado de paz, y no tanto para el Gobierno de la República o la clase política, sino para los mexicanos que vivían en la región fronteriza. Si bien el tratado se firmó el 2 de febrero, el canje de ratificaciones tardó en llegar y no fue sino hasta el 12 de junio cuando los norteamericanos salieron definitivamente del territorio nacional.

> A las seis de la mañana, al arriar la bandera americana que flameaba en el Palacio Nacional, ambas fuerzas presentaron las armas y fue saludada aquella con una salva de treinta cañonazos —escribió el cronista Antonio García Cubas—. Inmediatamente con igual ceremonia se izó el pabellón nacional disparándose para saludarlo veintiún tiros de artillería. A las nueve quedó completamente evacuada la capital por el Ejército de los Estados Unidos.

En Guaymas ocurrió lo mismo. Las tropas de ocupación abordaron las naves en las que llegaron y se retiraron del territorio sonorense. Aparentemente todo volvía a la normalidad, pero la nueva línea fronteriza alteró por completo la vida cotidiana de la población mexicana.

De la noche a la mañana, muchas familias que llevaban varias generaciones viviendo en el territorio mexicano perdido por la guerra ahora se encontraban asentadas en territorio estadounidense. Se les permitió elegir con libertad permanecer en Estados Unidos o asentarse al sur de la nueva línea fronteriza.

Ninguna de las opciones era prometedora, porque en el nuevo territorio norteamericano los mexicanos eran vistos con malos ojos y, en el territorio mexicano, las familias desplazadas tendrían que empezar de la nada.

Uno de los mejores ejemplos era San Agustín de Laredo, población fundada en 1755 que ocupaba ambas márgenes del río Bravo. Era parte del estado de Tamaulipas y en 1840 se sumó al fallido intento de varios norteños por fundar la República del Río Grande.

Con el río Bravo como nuevo límite natural entre México y Estados Unidos, Laredo quedó dividido: un mismo pueblo, dos países. El 15 de junio de 1848, tres días después de que el ejército invasor se retirara de México, el gobernador de Tamaulipas,

Francisco Vital, marchó a Laredo para notificarles a sus pobladores sobre la nueva línea divisoria que mutiló al estado y estableció que la parte mexicana se llamaría Nuevo Laredo.

Se cuenta que hacia 1847 había 1 900 personas en San Agustín de Laredo y, al enterarse de que la villa habría de formar parte del territorio estadounidense, la mayoría decidió seguir perteneciendo a México. Los habitantes se trasladaron a la margen sur del río Bravo, pero, antes de marcharse, desenterraron a sus muertos y los sepultaron en Nuevo Laredo, para que también sus antepasados siguieran siendo mexicanos. De ahí surgió el lema de la ciudad: «Siempre con la Patria».

La familia Murrieta y los sonorenses padecieron algo similar. De pronto, Sonora había perdido la región de Arizona y Hermosillo se había acercado a la línea fronteriza; ahora se encontraba a tan solo 278 kilómetros de ella.

Los norteamericanos hicieron sentir su presencia al otro lado de la frontera y con el ejército lograron que parte de las tribus apaches se desplazaran hacia el territorio mexicano, así que, en los siguientes años, tanto Sonora como Chihuahua tuvieron que emplear recursos materiales y hombres para impedir que las incursiones indígenas pusieran en peligro a la población mexicana de la zona fronteriza.

Para desgracia de muchos mexicanos, el futuro estaba en la Alta California, ahora en manos de los gringos. Desde enero de 1848 comenzó una importante migración hacia el oeste, debido a que se anunció que se habían descubierto importantes yacimientos de oro en California. Al parecer, el Gobierno estadounidense sabía de estas riquezas, por eso su interés en apoderarse de ese territorio.

Sonora ya no ofrecía grandes ventajas para sus pobladores; el auge de los puertos norteamericanos en California afectó el comercio en Guaymas, por lo que mucha gente migró a Estados Unidos. Hasta 10% de la población buscó fortuna al otro lado de la frontera. No se aventuraron a lo desconocido, muchos sonorenses tenían conocimientos de minería debido a que, desde tiempos novohispanos, la explotación de minas había sido una de las actividades económicas características de la región y existían familias con varias generaciones dedicadas a ello.

Uno de ellos fue Carlos Murrieta, hermano de Joaquín, que marchó a buscar fortuna aprovechando la fiebre del oro. Joaquín tenía entonces 18 años y permaneció un tiempo más en Hermosillo. Tiempo después, hacia 1849, decidió seguir a su hermano. No sabía por aquel entonces que el destino le tenía reservada la misión del justiciero.

3

El nuevo El Dorado

—Esos gringos, *jijos* de la chingada, lo tenían todo planeado —murmuró don Juan Murrieta, padre de Joaquín, mientras leía una carta que le había enviado su hijo Carlos desde San Francisco, a donde se había marchado en el verano de 1848, luego de que las tropas estadounidenses se retiraran de México.

Hasta oídos de la familia Murrieta llegó la noticia de que se habían descubierto grandes yacimientos de oro en la Alta California, por lo que decidió buscar fortuna en el nuevo territorio norteamericano.

Más allá de las consideraciones políticas de la guerra contra México, la idea del destino manifiesto o el asunto de que Estados Unidos debía convertirse en un país transcontinental cuyo territorio abarcara de la costa este a la oeste, se había develado la obsesión de la Casa Blanca por California: los espías norteamericanos, que durante meses se hicieron pasar por colonos, habían encontrado oro.

> No sé si fue suerte —refería Carlos Murrieta en su carta— o si los gringos sabían desde hacía mucho de la riqueza que guarda

> California, pero me pude enterar de que hace algún tiempo, incluso antes de la guerra, llegó a establecerse un alemán de nombre John Sutter y fundó la colonia Nueva Helvetia.
>
> A pesar de la guerra, a principios de este año [1848], cuando todavía gobernaban autoridades mexicanas bajo la supervisión del ejército de Estados Unidos, Sutter obtuvo el permiso para construir un aserradero muy cerca de donde estaba su colonia y para ello contrató a un tal James Wilson Marshall, carpintero que llegó del este de Estados Unidos. El 24 de enero de 1848, mientras trabajaba en el aserradero, Marshall encontró pepitas de oro en un río al que los gringos llaman South Fork American. Al enterarse, Sutter solicitó los derechos mineros y se los concedieron hasta junio, cuando California ya era parte de Estados Unidos. Dicen que ahí comenzó lo que todos llaman la fiebre del oro.

—Qué curioso —expresó don Juan, interrumpiendo su lectura—, de pronto, de la nada, como por arte de magia, California se ha convertido en El Dorado, esa mítica ciudad de oro que siglos atrás aseguraron que se encontraba en Sonora, pero que nunca pudieron hallar. ¡Ay, Joaquín! Esos miserables se apropiaron de nuestras riquezas frente a nuestras narices.

Don Juan hablaba con su hijo de las andanzas de Carlos en San Francisco mientras bebía un aguardiente de manufactura casera.

—Escucha lo que escribe tu hermano —dijo don Juan, mientras le daba otro sorbo a su bebida y leía en voz alta:

> Todo ha cambiado y creo que aquí está mi futuro. Recuerdo haber estado en San Francisco hace algunos años y era apenas una villa que sobrevivía gracias a la misión franciscana. Por aquel entonces todos éramos mexicanos, aunque había uno que otro extranjero que se había sujetado a nuestras leyes. Ahora es diferente, no pasa un solo día sin que lleguen más y más gringos; como la villa estaba en poder de sus soldados, los nuevos colonos ni siquiera esperaron a que se firmara la paz para establecerse.

La bandera de Estados Unidos ondea por todas partes, los mexicanos que llevaban tiempo aquí sufren, ahora son tratados como extranjeros y se les aplican impuestos que antes, cuando estas tierras eran nuestras, no tenían que pagar. Incluso la gente que aceptó la ciudadanía norteamericana es maltratada, vista con desprecio, como si fueran ciudadanos de segunda, como apestados.

Me ha costado trabajo encontrar un lugar para establecerme. Hay algunas posadas regenteadas por mexicanos, pero todo despierta la suspicacia de los gringos, porque ven conspiraciones en los lugares donde se reúnen los mexicanos. Aun así, creo que aquí podríamos echar raíces y hasta empezar algún negocio o buscar oro como lo está haciendo la mayoría de los colonos que se ha desplazado hasta el oeste por esa razón. Todo mundo cree que se va a enriquecer y decenas de personas se lanzan a las montañas a buscar algún filón o una veta —incluso dicen que se ven a simple vista—, o a los ríos donde se han encontrado pepitas de oro. Pero lo único que yo le puedo asegurar, papá, es que hasta ahora no he visto oro ni en la dentadura de algún gringo.

Filibusteros

La familia Murrieta no era humilde. Por sus venas corría sangre española de colonos que habían llegado hacía poco más de un siglo a la otrora Nueva España. Don Juan estaba dedicado al comercio y, a pesar de tener una familia numerosa, nunca le había faltado trabajo ni sustento, además se había inmiscuido en la política local; gozaba de buena instrucción y poseía una biblioteca con títulos de calidad, aunque no muy numerosa.

El «nuevo El Dorado», como le llamaba Joaquín con cierta burla a San Francisco, parecía ser una leyenda más. No dudaba de lo referido por su hermano, pero era un hecho que tampoco Carlos se había encontrado con montañas de oro que desde lejos mostraran su brillo y ubicación cuando el sol llegaba a su cenit.

La familia Murrieta se había establecido en Hermosillo, el antiguo Pitic, alentada en buena medida por esas historias. Casi toda la gente avecindada en Sonora sabía que en 1736 se habían descubierto unas minas que fueron llamadas «planchas de plata». El metal era tan puro y grande que podía recogerse con la mano como quien recoge manzanas.

Esa historia propició que varias familias novohispanas marcharan a tierras sonorenses en busca de fortuna, mas no contaban con que la Corona las reclamó para sí y prohibió a particulares explotarlas. La gran empresa minera que parecía asegurar el futuro económico de la región —y así llenar las arcas de la Corona española— fue un fracaso, se desvaneció como si fuera un espejismo en el desierto de Gila. Tan solo cinco años después, en 1741, las minas fueron abandonadas.

Al parecer resultaba más caro el caldo que las albóndigas y el costo de la extracción del mineral era altísimo; también corrió el rumor de que las minas estaban malditas y que eran resguardadas por tribus bárbaras que incursionaban con frecuencia para impedir que nadie extrajera algo de ellas, pues todo aquello pertenecía a sus dioses antiguos.

—Oiga, papá, ¿y no será que eso de la fiebre del oro que le escribió Carlos es una invención? Como esas historias que usted nos contaba, aquello de que en Sonora había minas con pepitas de oro que llegaban a pesar hasta tres kilos y que una capa de polvo de oro se encontraba a simple vista sobre los páramos y caminos.

—No dudo de que haya oro, Joaquín, pero tengo la seguridad de que están exagerando. Esos rumores propician que llegue mucha gente a la región y eso es lo que seguramente quiere el Gobierno de Estados Unidos, poblar rápidamente la Alta California y que ya no haya ninguna posibilidad de que el Gobierno mexicano recupere esas tierras en el futuro.

Don Juan Murrieta no se equivocaba, la Alta California nunca más sería de los mexicanos, quienes ignoraban que sí había mucho oro, lo cual desató una ola de historias fantásticas y una serie de rumores que aumentaron el interés de los aventureros en toda la región. Si había oro en California —pensaban los gringos—, también debía haberlo en Sonora, Chihuahua, Coahuila y en todo el territorio que conservó el Gobierno mexicano.

Entre 1848 y 1851, un grupo de colonos de California encontró yacimientos de oro y plata cerca del río Gila en Arizona, región que durante siglos había pertenecido a Sonora. La noticia detonó la ambición de aventureros gringos y europeos que concluyeron que en el territorio sonorense debía haber mucho más oro y buscaron la manera de independizar o anexarse esa parte de la República mexicana.

Los gringos avecindados en Arizona consideraron a Sonora como la llave de su prosperidad, ya que tanto Santa Fe, en Nuevo México, como San Francisco, en California, se encontraban a gran distancia y entre ellas mediaban regiones inhóspitas. Solo los aventureros más bragados o los nuevos colonos que no tenían nada que perder se aventuraban a recorrer aquellos caminos, donde el menor de los males eran las altas temperaturas, el mayor, ser atacados por los pieles rojas que aparecían y desaparecían por doquier como si fueran fantasmas.

Sonora le ofrecía a Arizona un comercio continuo, más cercano, y caminos que llegaban hasta el océano Pacífico atravesando el estado, además del puerto más próspero de la región: Guaymas, desde donde podían llevar y traer mercancías hacia California. Sonora despertó tanto interés por la ola de rumores sobre su riqueza que incluso algunos viajeros europeos consideraron su posición geográfica como estratégica para el comercio y para detener la expansión norteamericana, que amenazaba con consolidarse a partir de la construcción de un ferrocarril transcontinental.

La facilidad con que el ejército estadounidense se había apoderado de los territorios del norte de México durante la reciente guerra llevó a algunos gringos a considerar Sonora tierra de nadie, en la que imperaba la ley del más fuerte, y que los asistía el derecho de conquista. Unos meses después del fin de la guerra, la familia Murrieta se enteró de que 18 filibusteros norteamericanos ingresaron hasta el sur de Sonora y atacaron Nuri, cerca de Álamos. En Hermosillo cundió la alarma y se prepararon para enfrentar a los invasores.

Seguramente, los gringos pensaron que los mexicanos no se defenderían, pero estaban equivocados. El gobernador del estado organizó una tropa y sus hombres salieron a perseguir a los estadounidenses. Los forajidos huyeron, dejando parte del botín en el camino, aunque lograron llevarse algunas cabezas de ganado. El abuso estaba a la orden del día y los sonorenses debían ponerse a las vivas para evitar que los aventureros gringos hicieran de la suyas.

Los propios colonos no se comportaban mejor. En su camino a California, algunos cruzaban a Sonora para comprar provisiones, pero aprovechaban para saquear pueblos indefensos, sobre todo los que estaban cerca de la nueva línea fronteriza.

A Joaquín le tocó enfrentar una partida de gringos que intentó saquear el mineral de Cieneguita, al noroeste de Sonora, en la primavera de 1849. Luego tuvo conocimiento de que el gobernador de Sonora envió a indios pápagos a combatir las incursiones apaches en el estado, pero al llegar a su campamento se percataron de que estaba lleno de gringos, quienes les pagaban a los apaches para robar ganado en México y asaltar pueblos sonorenses.

De Sonora a California, todo estaba revuelto en la región. La ciudad de San Francisco no solo se convirtió en el símbolo de la fiebre del oro, sino que también era el sitio donde se organizaban expediciones filibusteras con el fin de alentar la separación de Sonora del resto de la República mexicana.

Mientras Joaquín se encontraba en California, en 1852, el conde Gaston de Raousset-Boulbon, antiguo oficial del Ejército francés, encabezó una campaña filibustera en México. Sus hombres, también europeos, llegaron a California con el propósito de colonizar Sonora y proclamar su independencia. Su excéntrica aventura terminó frente al pelotón de fusilamiento. Las fuerzas del Gobierno de Sonora lo derrotaron y lo pasaron por las armas en 1854.

En 1853, un abogado de Tennessee dejó las leyes, tomó las armas y se convirtió en filibustero. William Walker fue a buscar fama y fortuna a California, pero no las encontró. Se le hizo fácil organizar una expedición con poco más de cien hombres y proclamar la República de Baja California, y luego la República de Sonora, de la que se autonombró presidente. Sus ocurrencias terminaron en una persecución que lo llevó de regreso a Estados Unidos, donde se rindió ante su propio Gobierno.

San Francisco

Joaquín Murrieta preparó su montura, se despidió de su padre, de sus hermanos que aún vivían en Hermosillo y de algunas amistades, y se enfiló rumbo a San Francisco a mediados de 1849 para buscar a su hermano, pues en su última carta le comunicó a la familia que se había hecho de cuatro leguas de tierra para explotarla gracias a una concesión que obtuvo del propio gobernador.

Se iba a la aventura, a sus 19 años. Nadie sabía si regresaría a Hermosillo alguna vez. Marchó con más dudas que certezas porque la única pista que tenía sobre Carlos era que estaba en San Francisco e imaginaba que se encontraría con una modesta población donde mandaban las misiones religiosas, como había sido siempre, y que con seguridad alguien podría darle alguna pista de su hermano.

Joaquín seguía pensando que lo de la «fiebre del oro» era tan solo una leyenda y que podría establecerse con su hermano para ayudarlo a explotar las tierras que ahora poseía. Ya se las ingeniaría. De cualquier forma, por entonces Joaquín ya era un extraordinario jinete y sabía de las faenas del campo, pues desde muy niño trabajó en la propiedad familiar.

En algo tenía razón: aunque el oro desató la locura, la ambición y los sueños de la gente —la posibilidad de hacerse ricos de la noche a la mañana estaba al alcance de la mano—, California ofrecía mucho más a los nuevos colonos. Había suficiente tierra para cultivar, tierra para agostaderos, comercio y servicios.

Por fortuna, Joaquín llegó a San Francisco sin pena ni gloria, sin haberse puesto en riesgo ni haber tenido que afrontar alguna situación amenazante. Sano y salvo en territorio estadounidense, ya era un buen principio. Por entonces no había forma de avisarles a su familia ni a su hermano.

Una vez en el puerto, Joaquín quedó azorado por lo que encontró. No era una villa ni un modesto pueblo; San Francisco, en manos de los norteamericanos, se había transformado, crecía día con día y el movimiento cotidiano de naves que zarpaban o atracaban era incesante. Lo mismo llegaban mercancías de otras regiones de la costa californiana que de los puertos mexicanos, como Guaymas o Acapulco.

La navegación desde el continente asiático también permitió un comercio abundante, que tan solo décadas atrás era monopolio de la Corona española por medio de la Nao de China, famoso navío que atracaba en el puerto de Acapulco. Pero, más que todo tipo de mercancías, la noticia del oro recorrió el mundo de entonces y no solo los gringos marcharon hacia California: centenares de chinos llegaron a buscar fortuna desde 1849, así como mexicanos de los estados de Sonora y Chihuahua, y hasta latinoamericanos de Perú o Chile, se lanzaron a la aventura.

Aunque el ferrocarril sería una realidad una década después, los caminos hacia las principales zonas mineras ya estaban trazados y pequeñas poblaciones surgían por todos lados. Sin embargo, para llegar a California solo había dos opciones. La primera era embarcarse en Nueva York con destino a Panamá o Nicaragua, atravesar por tierra esos países hasta llegar a la costa del Pacífico y abordar otro barco que se dirigiera hasta San Francisco.

La otra opción era viajar por tierra. Para la gente que vivía en la costa este de Estados Unidos era una aventura titánica. Debían embarcarse rumbo a Veracruz y de ahí internarse en México, atravesar por vía terrestre, Tamaulipas, Nuevo León, Coahuila, Chihuahua, Sonora, y cruzar de nuevo a Estados Unidos rumbo al noroeste hasta topar con el río Colorado. Desde ahí, tomaban el camino a Los Ángeles por el paso de San Gregorio. Si lograban llegar sin percances, el resto del trayecto hasta San Francisco era más amable. Era una ruta larga pero segura, porque ofrecía caminos relativamente tranquilos, y sobre todo provisiones, gracias a las ciudades que tenían varios siglos de haber sido fundadas.

Ambas opciones implicaban un riesgo y siempre se contaban historias de gente que no pudo cumplir su sueño, que falleció en el camino por enfermedades o accidentes, atravesados por las balas que echaban los forajidos o por la certera flecha de algunos apaches que seguían reivindicando su propiedad sobre esas tierras que les pertenecían.

Incluso se contaban historias aterradoras, como la que se conoció en 1847 sobre un destacamento de soldados estadounidenses que participaron en la guerra contra México y fueron enviados a la región de la Sierra Nevada, cerca de donde se hallaron las primeras pepitas de oro. Al parecer, uno de los oficiales enloqueció y comenzó a asesinar a sus compañeros para luego devorarlos.

Los indios llegaron a decir que era Wendigo, una criatura que alguna vez había sido un hombre, pero que se había convertido en una bestia al devorar carne humana, lo cual aumentaba su fortaleza. Estas leyendas tenían algo de sustento, pues las tribus indígenas, al ser despojadas de sus tierras, habían padecido hambrunas y tuvieron que recurrir a la antropofagia.

Para los colonos, e incluso para los indígenas, esas historias eran inquietantes y nadie quería encontrarse en su camino con Wendigo o quien quiera que fuese el oficial norteamericano que todos decían que se escondía en la sierra y aparecía para matar y comer carne humana. Tan reprobable era el canibalismo entre los colonos y las tribus indígenas que, cuando sabían que algún miembro de su tribu lo había hecho, lo expulsaban para siempre de la comunidad.

Cierto, había oro, pero el menor de los problemas era encontrarlo. Entre los climas extremos, las jornadas infinitas para llegar a California, las tribus bárbaras, los bandoleros, el racismo estadounidense y el hecho de que, en California, las nuevas autoridades aún aplicaban leyes mexicanas y no se tenía la calidad de ser un estado más de la Unión Americana —lo cual no ocurriría sino hasta 1850—, encontrar oro, conservarlo, comerciarlo y gozar de la riqueza era una odisea de la que pocos pudieron presumir. No podía ser de otra forma, ya que, entre 1848 y

1850, llegaron a California 300 000 personas en busca del mismo paraíso: el «nuevo El Dorado».

En San Francisco, Joaquín confirmó por fin que esa tierra dorada no era una leyenda. Nunca antes había visto tan importante movimiento de gente, salvo en las grandes poblaciones que conoció durante su viaje a la ciudad de México. Pero había algo diferente: buena parte de los viajeros que llegaban apenas tenían dinero y no estaban dispuestos a gastar en una cama para pasar la noche, mucho menos en una habitación o alimentos que no fueran los básicos; su dinero tenía un fin: adquirir el equipo necesario para buscar oro.

Así que era común ver decenas de carpas improvisadas o modestas tiendas de campaña en las afueras de San Francisco, junto a fogones donde calentaban café y, en ocasiones, asaban alguna víbora, ardillas o uno que otro animalillo cazado durante la jornada para asustar al hambre. Joaquín siguió el ejemplo de los otros colonos y puso su tienda de campaña en un paraje desde donde alcanzaba a ver cómo se iluminaba la cada vez más extensa San Francisco, cuando sus erráticos pobladores encendían las lámparas de gas al caer la tarde.

Nadie imaginó lo que traería consigo el oro californiano. En vísperas de la guerra con Estados Unidos, en 1846, San Francisco tenía doscientos habitantes; seis años después, la ciudad alcanzaba los 36 000. Por eso la sorpresa de Joaquín fue mayúscula, ya que él había conocido aquella desolada región donde parecía que el futuro tardaría en llegar, aunque las misiones llevaran siglos intentando evangelizar a las tribus indígenas que habitaban el territorio.

En aquellos días anteriores a la fiebre del oro, todos los habitantes se conocían; varias familias mexicanas dominaban el comercio y el lugar era apacible. La naturaleza del puerto permitía cierto comercio y las grandes extensiones de tierra abonaban a la ganadería. Pero, sin duda, cualquier viajero que hubiera pasado por San Francisco en esos días habría pensado que era el fin del mundo.

No obstante, de la noche a la mañana, San Francisco vivió una transformación sin precedentes; el puerto se llenó de mercancías para satisfacer las necesidades de los nuevos mineros: cuerdas, palas, picos, pólvora, lámparas de aceite, todo el equipo que cargaba un gambusino o una cuadrilla de mineros para acampar y poder hacer su trabajo. Esta vez, El Dorado no era un mito, existía y estaba en California. Durante la mayor parte de 1849 y 1850 fue un hecho que el oro se encontraba incluso a ras del suelo.

A mediados de 1848 ocurrió un fenómeno que sorprendió a propios y extraños: distintas embarcaciones quedaron varadas en San Francisco luego de que sus tripulaciones decidieran abandonarlas para entregarse a la búsqueda de oro, lo que podía dejarles más recursos en menos tiempo. Era una apuesta temeraria, lo sabían; sin embargo, día con día llegaba algún nuevo colono a vender polvo de oro o algunas pepitas encontradas en los ríos cercanos, y la ambición y la codicia se avivaban de nuevo.

Los barcos abandonados se convirtieron en almacenes, cantinas, hostales, casas de juego e incluso hubo uno que se habilitó como cárcel. En otras ocasiones, las naves eran desmanteladas y sus materiales se utilizaban para improvisar cabañas, barracas y lugares para ofrecer un modesto hospedaje a los recién llegados.

El puerto parecía un cementerio de barcos, un lugar que se volvía apocalíptico cuando se ponía el sol y las sombras hacían de las suyas. No era un lugar agradable cuando caía la noche; sin embargo, Joaquín recorrió los negocios establecidos en esas naves para encontrar a su hermano o por lo menos obtener información acerca de su paradero.

Los únicos negocios que siempre permanecían abiertos eran los prostíbulos y la cantina donde corría el whisky a raudales, que en un principio era traído desde el este. Era un whisky escocés que los anglosajones importaban desde Inglaterra, pero que resultaba demasiado costoso, así que los colonos comenzaron a destilar su propio whisky de maíz o centeno y, ya entrados en gastos, ningún minero, gambusino o aventurero le hacía el feo a esos destilados que alegraban el alma, aunque su manufactura de pronto incluyera pólvora o algunos alucinógenos que traficaban los chinos.

En la cantina, Joaquín escuchó todo tipo de historias. También se percató de que los californios de origen pocas veces iban a beber algo ahí, pues la gente que llenaba las mesas y la barra no parecían de confianza; se embriagaban hasta caerse, echaban bravatas a diestra y siniestra, presumían sus grandes hallazgos y no había día en que no se armara alguna pelea. A veces aparecía algún muerto en los alrededores, que había sido visto con vida por última vez en la cantina. Había que tener cuidado porque también se notaba un sentimiento antimexicano de parte de muchos colonos.

Si la guerra entre México y Estados Unidos transformó por completo la vida de la franja fronteriza —algo que Joaquín había vivido en carne propia—, la fiebre del oro trajo consigo una verdadera revolución.

La población nativa fue la que más padeció debido a las enfermedades, al hambre y desde luego al exterminio perpetrado por los gringos. Los pueblos indígenas seminómadas fueron expulsados de sus tierras y de las zonas donde se abastecían, donde tradicionalmente recolectaban, pescaban o sembraban alimento. Sus tierras eran ocupadas violentamente por los colonos gringos, que fundaban asentamientos mineros y requerían alimento y agua para trabajar en los yacimientos.

Desde luego, las tribus no se cruzaban de brazos ni estaban dispuestas a ceder sus tierras centenarias. La respuesta no se hacía esperar, organizaban incursiones en las poblaciones mineras, en las misiones, en los presidios, en los nuevos asentamientos, y todo terminaba en un baño de sangre. La guerra entre el hombre blanco y las tribus indígenas estaba declarada, y no terminaría sino hasta los primeros años del siglo XX.

A Joaquín no le sorprendió ver anuncios dirigidos a contratar hombres para combatir a los apaches. Había que expulsarlos de aquella región a cualquier precio. Si era necesario exterminarlos, nadie lo lamentaría, no importaba si había que matar a mujeres, niños o ancianos. Los colonos norteamericanos estaban decididos a ocupar California, con oro o sin él.

Las autoridades estadounidenses no se tentaban el corazón, pero a Joaquín las circunstancias no le eran ajenas, dado que en Sonora también ocurría algo similar. A partir del establecimiento de la nueva línea fronteriza, muchas tribus fueron arrojadas hacia el territorio mexicano y el Gobierno sonorense tuvo que responder también con rudeza porque los indios no daban cuartel y no solo saqueaban y robaban caballos y ganado, sino que solían raptar gente, niños y niñas.

Antes de partir hacia San Francisco, Joaquín escuchó relatos de varias incursiones apaches recientes en Sonora, resultado de tener la línea fronteriza a unos trescientos kilómetros de Hermosillo. En realidad era un problema que llevaba siglos de existencia; los registros de las primeras misiones que llegaron a la región dan cuenta de enfrentamientos con tribus apaches. En numerosas ocasiones, los frailes y colonos españoles no sobrevivieron a los ataques.

Pero era momento de dejar Sonora atrás, Joaquín debía encontrar a Carlos en un territorio inmenso en el que todo podía suceder. Para llegar de un poblado a otro había que cabalgar por horas y, salvo en ciudades como Sacramento, San Francisco o Los Ángeles —donde se encontraban asentadas las nuevas autoridades, comenzaba a fluir el dinero y se desarrollaban las primeras inversiones, los negocios y el comercio—, era difícil garantizar la seguridad de los colonos en otros lugares.

Para nadie era un secreto que la vida cotidiana estaba regida por la ley del más fuerte. El oro desató la codicia de los migrantes que, al no encontrar su propio El Dorado, se dedicaron al abigeato o al robo a mano armada. Por fortuna para la gente que había migrado, en 1850 el Congreso estadounidense le otorgó la calidad de estado de la Unión Americana a California y esto permitió construir un entramado legal que dio más certezas a los gringos, en detrimento de los derechos históricos que tenían los californios y que se habían ganado desde antes de la guerra entre México y Estados Unidos.

Ciudadanos de segunda, en eso se convirtieron los mexicanos que decidieron permanecer en California luego de la guerra, y no porque las leyes fueran distintas, sino porque los gringos les hicieron ver su suerte con el trato cotidiano, sin importar lo que se había estipulado en el tratado de paz.

Al grupo de migrantes que llegó en 1849 a buscar oro se le conoció como los Cuarenta y Nueve. La mayoría eran estadounidenses, aunque también había mexicanos —aquellos que optaron por permanecer en territorio californiano, donde estaban asentados desde antes de la guerra, y que no cambiaron de nacionalidad—, chinos, europeos y latinoamericanos.

Murrieta no era parte de los Cuarenta y Nueve, pues no había viajado a San Francisco para buscar oro, pero se asumió como uno más: rudo, malencarado, buen bebedor de whisky —tenía la escuela de los aguardientes caseros de Sonora— y se comportaba como si conociera todos los secretos del universo, con aires de superioridad, pero sin ser el bravucón que buscaba pleitos cada noche. Su larga cabellera y la tupida barba le permitían camuflar su edad.

Si bien apenas tenía 19 años, no era un joven descubriendo la vida, ya que tenía la experiencia que otorga haber vivido en una región casi inhóspita, siempre a merced de alguna amenaza.

Montaba con gran pericia, era bueno para el cuchillo y sabía disparar, aunque las armas con las que llegó a Estados Unidos eran muy viejas. Tenía un fusil al que llamaba Espérame Tantito, porque era de un solo tiro y había que cargarle la pólvora con antelación. Cuando llegó a San Francisco, conoció los rifles de repetición que usaron los gringos en su guerra contra México y las pistolas Colt de seis tiros.

Luego de hacer algunos trabajos en la ciudad, mientras seguía tratando de localizar a su hermano, logró reunir suficiente dinero para comprarse una Colt. En un ambiente tan hostil, no podía darse el lujo de estar en desventaja frente a los gringos, mexicanos y otros extranjeros a quienes verdaderamente había desquiciado el oro californiano.

No tardó en sentirse cómodo con el revólver. Compró suficientes balas y, cuando tenía tiempo, practicaba su puntería, que fue afinando con el paso de los días. No era veloz para desenfundar, pero lo compensaba con disparos certeros. Joaquín se preparaba para conquistar el salvaje oeste.

La relativa armonía que se vivió en San Francisco en los primeros meses de la fiebre del oro acabó hacia 1850. Decenas de colonos que apenas arribaron ese año se percataron de que el oro no crecía en macetas; había que excavar, abrir minas, buscar filones, hacer un trabajo minero complejo. Entonces, los gringos comenzaron una campaña para apropiarse de los terrenos donde buscaban los extranjeros.

Los chinos fueron los primeros en padecer un profundo racismo, por sus costumbres, por su manera de vestir y por sus tradiciones. Pero sobre todo porque, si bien en un principio los primeros migrantes consiguieron tierras para trabajar o se emplearon con otros mineros, en los años siguientes representaron 30% de todos los colonos que llegaron a California durante la fiebre del oro. Tan solo en 1852 llegaron 20000 chinos de un total de 67000 inmigrantes.

Para evitar que se hicieran de tierras, en 1850 la legislatura del recién creado estado de California estableció un impuesto de veinte dólares al mes a todos los extranjeros dedicados a la minería, lo cual era una fortuna. Los chinos no pudieron pagarlo y perdieron sus concesiones. Para sobrevivir, crearon el primer barrio chino en San Francisco y se dedicaron a otros negocios menos rentables y menos nobles, como los fumaderos de opio.

A los mexicanos no les fue mejor. Aquellos que no aceptaron convertirse en estadounidenses debían pagar un impuesto minero por ser extranjeros; pero no solo eso, sufrían el acoso de los gringos, que se las ingeniaban para correrlos de sus tierras o matarlos con el pretexto de que eran ladrones, les inventaban delitos o los acusaban de ser violentos.

El tratado de paz había establecido que el Gobierno de Estados Unidos respetaría las tierras que eran propiedad de los mexicanos desde antes de la guerra —la mayoría se encontraba fuera de la zona donde se hallaba el oro—; pero, con las nuevas concesiones, los gringos cometieron grandes despojos; querían todo el oro para ellos y algunas regiones de California se convirtieron en tierra de nadie. Sobrevivían los que hacían valer su voluntad con el arma en la mano.

Joaquín era muy observador. Durante su estancia en San Francisco fue testigo de varios conflictos entre colonos, así como de desacuerdos y peleas que muchas veces terminaban en una fosa común. El sonorense prestó especial atención al trato de los gringos hacia los mexicanos, los chinos y los latinoamericanos, pero en ningún momento abrazó la causa de nadie ni sintió que fuera su misión interceder por alguien, pues hacerlo podía costarle la vida y, de un modo u otro, todos en California sabían que dependían de sí mismos para sobrevivir. A menos que hubieran llegado en grupos numerosos, en familia o con amigos, cada colono estaba por su lado.

Esa era la realidad, todos los colonos lo sabían y así había sido siempre. Era mejor dejarse llevar y aprender a sobrevivir; al menos eso pensaba Joaquín, cuyo sentido de justicia era personal: protegerse a sí mismo y proteger lo poco o mucho que tuviera.

Pasó varias semanas buscando a Carlos y dejó mensajes entre los mexicanos por si llegaban a conocerlo o se topaban con él en algún lugar. Sin embargo, parecía que a su hermano se lo hubiese tragado la tierra. Mientras tanto, siguió haciendo trabajos ocasionales: cuidaba ganado, descargaba mercancías, ayudaba a desmantelar los barcos abandonados, le hacía a la carpintería y ayudaba en la construcción de barracas y cabañas.

Trabajo no faltaba, y podía juntar los dólares suficientes para permanecer un tiempo más en San Francisco, pero también para volver a Sonora, pues la única certeza que tenía era que no se quedaría ahí, al servicio de los gringos; si había viajado a buscar a su hermano, era por la promesa de un futuro próspero en esas cuatro leguas de terreno donde seguramente los Murrieta podrían hacer mucho.

Joaquín era un muchacho alto y fornido, en su piel clara se notaban los años de exposición al sol del desierto sonorense; pero no negaba la cruz de su parroquia, ya que en sus facciones se notaba la sangre española que corría por sus venas.

Al igual que la mayoría de los mexicanos avecindados en California desde tiempo atrás, Joaquín no hablaba inglés, ese idioma que se escuchaba con más frecuencia en la región, sobre todo a raíz de la invasión norteamericana y del fin de la guerra, cuando comenzó la migración estadounidense. Sin embargo, el inglés aún no era la lengua oficial, así que, en esa torre de Babel en que se convirtió San Francisco en aquella época, la comunicación se basaba en señas y ademanes para comprar, vender, pedir un trago, negociar.

Joaquín aprendió rápido las nuevas costumbres. Era un hombre pacífico que durante su estancia en San Francisco nunca se metió con nadie, pero tampoco nadie intentó meterse con él. Y aunque la borrachera envalentona al más cobarde, cualquiera lo hubiera pensado dos veces antes de liarse en un pleito con el sonorense, un tipo joven y rudo, aunque su personalidad estaba lejos de ser la de un buscapleitos. Venía de buena cuna, tenía educación y lo demostraba en el trato, en las formas, en la manera como se relacionaba con los demás.

Después de un par de meses sin noticia alguna de Carlos, Joaquín se dio cuenta de que su misión había fracasado, así que decidió volver a Hermosillo, pero no quiso aventurarse a regresar a caballo. No estaba de humor para cabalgar varias semanas. Vendió su montura, compró un boleto para uno de los barcos que salían de San Francisco rumbo a Guaymas y así fue que regresó a su terruño con su familia, a esperar noticias de su hermano, si alguna vez volvía a escribir. También era posible que yaciera dos metros bajo tierra por cualquier razón, que hubiera muerto por ahí buscando oro o que su cadáver hubiera sido devorado por los animales salvajes de las montañas californianas.

4

Tiempo para amar

Carmen

Se llamaba Carmen Félix, pero algunos la conocieron como Rosita. Cualquiera que fuese su nombre, era una joven que apenas había dejado la niñez y, a sus casi 17 años, ya sentía que el amor le oprimía el corazón.

Sí, era esa clase de amor romántico el que sentía, el de los versos, el de la poesía, el de olor a flores frescas, el de las palabras bonitas y el de los sueños y la imaginación, en los que el hombre amado se convertía en un caballero capaz de atravesar el mundo por ella. Y si no era el mundo, cuando menos sí el desierto de Sonora.

Le bastó con ver a Joaquín Murrieta una sola vez en Guaymas, recién desembarcado de San Francisco luego de una travesía de varias semanas en la que el joven sonorense se dio cuenta de que era un hombre hecho para cabalgar, para andar en tierra firme, para acampar a la intemperie en los valles, junto a una fogata con algo de aguardiente como compañía, y no entre el ritmo cadencioso de la marea, los mareos y las náuseas que provoca la navegación.

Ya en tierra firme, Joaquín se dirigió de inmediato a la parroquia de Guaymas para agradecerle a toda la Corte celestial que lo había devuelto con bien desde San Francisco. Ahí, entre santos y cirios, Carmen lo vio por primera vez. Había ido con su familia a misa y bastó un fugaz cruce de miradas para que ella se perdiera en sus ojos, en su rostro y en su olor, que logró aspirar cuando pasó a su lado en el atrio del templo.

Ella sintió como si la virgen le hablara, no volvió a pensar en nada ni en nadie más que en Joaquín, en ese joven gallardo que caminaba con aplomo, sonriente, desenfadado y con la seguridad de quien sabe lo que lleva consigo. Por aquel entonces, Carmen no sabía nada del amor, pero esa agradable punzada que sintió en su corazón, que le removió las entrañas, le reveló el misterio desconocido; la llevó a una dimensión distinta de la que conocía hasta entonces y acabó de golpe con la extraña sensación y el desasosiego que le dejó su primera menstruación, ocurrida apenas unos meses atrás.

Aquella vez pensó que moriría; entre cólicos y sangre creyó ver a la muerte junto a ella, hasta que su madre la tranquilizó con unos tés y unas escuetas palabras: «No te aflijas, son cosas de mujeres», como si eso dejara claro lo que aquella sangre que salía de su cuerpo significaba en su vida, y para la vida.

A partir de entonces hizo lo que las mujeres acostumbraban al cumplirse cada ciclo: sangraba con libertad sobre su propia ropa, sobre todo porque las enaguas eran gruesas y casi impenetrables; además permanecía en casa, resguardada en su habitación durante varios días, hasta que terminaba de sangrar.

Pero no todas las mujeres contaban con la suerte de Carmen, cuya familia le permitía descansar, darse baños de agua tibia en una tina de porcelana china y beber algunos menjurjes para disminuir las molestias; los Félix gozaban de una posición económica desahogada.

La mayoría de las mujeres no podía darse el lujo de tomarse un descanso así porque debían atender a los hijos y participaban en las faenas del campo, porque la vida doméstica era demandante y porque, al final, ni siquiera la menstruación era suficiente para que el hombre de la casa le permitiera tomarse un respiro a la esposa o a las hijas, mucho menos cuando la situación económica no les favorecía.

Las mujeres utilizaban piel de oveja u otros materiales absorbentes, trapos de tela o de lino que se ponían entre las piernas y que cambiaban cada cierto tiempo. En ocasiones, esas telas quedaban inservibles y terminaban atizando el fuego, pero en la mayoría de los casos eran lavadas con sumo cuidado y volvían a utilizarse. La madre de Carmen le había explicado que, una vez que la mujer comenzaba a sangrar, había llegado el momento de ser madre; era una especie de señal divina que indicaba que era tiempo de buscar marido.

Carmen no entendía de amor, maternidad ni compromiso; su madre la había educado para convertirse en la esposa de algún caballero al que debía honrar, procurar y servir; vivir para él, entregarse a sus designios, acompañarlo en sus desventuras, curarlo en la enfermedad, tomarlo de la mano cuando dudara y soportar cualquier humillación por el bien de la familia.

El matrimonio era para Carmen una condena en la que sus anhelos, gustos, deseos y angustias quedaban supeditados a los de su señor. Era esa clase de «amor» que solo tomaría forma con los hijos, una vida sin lugar para ella; su felicidad dependería de la felicidad de los demás, sin importar lo que la mujer estuviera viviendo, pensando o sintiendo.

Sabía que ese era su destino y, sin embargo, poco le importó cuando su corazón se aceleró y sintió una excitación que no había conocido, hasta que miró al hombre que despertó en ella el instinto, el deseo, los pensamientos impuros que confesaba ante el cura de la parroquia para no caer en las garras del mismísimo diablo, experto en seducir almas inocentes como la suya.

Pero la excitación que Carmen sentía parecía ser más profunda que su fe, a pesar de todos los rezos y las oraciones que le exigía el párroco para liberarla del pecado. Pensar en Joaquín le provocaba un bienestar tan grande que no tenía empacho en volver al confesionario tantas veces como fuera necesario. Al menos por un tiempo, esa misteriosa sensación del amor en ciernes fue su droga, un alucinógeno que le permitía perderse en ella misma.

Entonces, una noche, sola en su habitación mientras pensaba en Joaquín —con quien ni siquiera había cruzado palabra alguna—, comenzó a recorrer su cuerpo, como si la conciencia del pecado no tuviera poder sobre sus manos, y tocó sus senos y deslizó sus manos por su vientre, y metió sus dedos entre los muslos hasta que se supo mojada. Continuó hasta que sintió que el corazón se detenía en un suspiro supremo que debió ahogar porque hubiera sido escandaloso dejarlo libre.

Luego de terminar se sintió culpable, sucia, pecadora; se sintió atormentada, seducida por el mal, débil de espíritu, aunque gravitaba entre la culpa y el recuerdo del placer que duraba un instante. Carmen se debatía entre lo amargo y lo dulce. Al día siguiente se dirigió temprano al confesionario y respondió al «Ave María Purísima» del sacerdote con «Sin pecado concebida»; en la confesión solo se acusó de tener pensamientos impuros, como lo había hecho una y otra vez desde que se topó con Joaquín aquel día en la iglesia. Un padrenuestro y algunas avemarías alcanzaron para recibir el perdón divino.

Junto al enorme placer de saberse enamorada, aunque todavía fuera un sueño, Carmen también estaba llena de temores, de incertidumbre, de dudas, pues nada sabía acerca de estar con un hombre en términos románticos; no sabía cómo dirigirse a él, cómo hablarle ni qué decirle. El trato con el mundo masculino hasta entonces era a través de los ojos de su padre, pero ese universo era distinto del que ella imaginaba junto al hombre con el que compartiría su vida para siempre. El amor tocaba a sus puertas y su corazón latía apresuradamente.

Carmen estaba a tiro de piedra de ser una joven quedada. Por entonces era común que las mujeres contrajeran nupcias en la adolescencia y que los primeros hijos llegaran antes de cumplir los 20 años. La vida en Sonora no era fácil y nadie tenía garantizado nada; hombres y mujeres podían transitar hacia la viudez en cualquier momento. Así que el tiempo era oro para el amor.

Según dictaba la tradición, si el apellido de la familia era de abolengo en la localidad, el padre debía casar a sus hijas con hombres que por su condición social permitieran mejorar su situación económica o garantizar el futuro material de la familia. A pesar de ser las protagonistas de sus propias historias románticas, las mujeres rara vez podían elegir con libertad y, cuando lo hacían, se desataban pleitos familiares que no pocas veces terminaban con las hijas en algún convento, en tanto les encontraban marido digno, o, en el peor de los casos, huían con el novio y nunca más se sabía de ellas ni del destino que habían seguido.

La familia Félix también era descendiente de españoles avecindados en la región desde el siglo XVIII. Tenían una posición económica desahogada y el padre de Carmen ya había puesto el ojo en varios posibles candidatos para marido de su hija, sin que ella tuviera vela en el entierro, porque en eso podía convertirse el matrimonio, en un verdadero entierro, o en un infierno. Sin embargo, su padre aún no había tomado una decisión definitiva.

Pero, como lo demuestra la historia de la humanidad, por más que los padres quieran intervenir, por más que durante siglos se hayan arreglado matrimonios o se dispusiera de la voluntad de las hijas o los hijos, al final nadie manda en el corazón ni en su confusión entre el deseo y el sentimiento, tampoco en la atracción física, y Carmen no fue la excepción. Se enamoró perdidamente de Joaquín Murrieta desde aquel día que lo vio en la parroquia de Guaymas, recién desembarcado de San Francisco. Había llegado la hora del amor.

Joaquín

Joaquín miró los ojos oscuros de Carmen y sintió como si un rayo lo hubiera fulminado. Desde luego no se trataba de la justicia divina que se presentaba en el templo de Guaymas, era el amor. Le gustó su tez rosada y su sonrisa discreta, la finura con que se movía, su expresión de candidez e inocencia. Qué hermosa era ante sus ojos.

El joven Murrieta había desembarcado en Guaymas un día antes. Llegó hecho pedazos de San Francisco; todavía sentía cómo se movía el suelo después de varias semanas navegando, por lo que procuraba estar sentado para no perder el equilibrio, pero todo eso desapareció en el instante en que vio los ojos de Carmen. Jamás imaginó que en la iglesia se encontraría con la mujer a la que haría su esposa y, sin pensarlo, sin reflexión alguna de por medio, se dijo a sí mismo: «Con esa mujer me he de casar». Olvidó el cansancio, olvidó lo largo y extenuante del viaje, y desde ese instante no tuvo ojos para nadie más.

Esperaba que de alguna manera su familia y la de su futura mujer tuvieran alguna conexión, quizá una amistad en común que pudiera facilitarle acercarse a Carmen, que de inmediato se convirtió en la dueña de sus desvelos. Recién llegado de una misión fallida y con el sabor de la derrota en la boca, Joaquín era un hombre libre, no había echado raíces y podía decirse que era aprendiz de todo y maestro de nada, lo único cierto es que no le rehuía al trabajo y así era conocido en Hermosillo, como un joven que le entraba a todo y ayudaba en gran medida en la hacienda familiar. Pero, para los fines prácticos del amor y la dote, en esos momentos no podía ofrecer absolutamente nada.

En tiempos en los que la muerte esperaba a la vuelta de la esquina, el amor a primera vista hacía más apasionante el romance y había que apostarle todo. Nadie tenía tiempo que perder porque a ciencia cierta nadie sabía qué podría depararle el futuro inmediato. Entre las inclemencias del clima, las epidemias —como la de cólera morbus, que en 1833 diezmó a buena parte de la población—, las incursiones de filibusteros o los ataques de tribus indígenas que continuaban asolando la región, Joaquín, Carmen y la población sonorense entera vivían al día.

Aunque estaba en la plenitud de la vida, Joaquín no era mujeriego. Sus primeros años de juventud los había vivido entre el viaje que hizo con su padre a la ciudad de México, su alistamiento en la guardia nacional durante la guerra con Estados Unidos, su participación voluntaria persiguiendo apaches y aquel largo viaje a San Francisco para buscar a su hermano; no había tenido tiempo para el amor, o al menos no había encontrado hasta entonces unos ojos que lo invitaran a dejarlo todo.

Además de llevar una vida de lobo solitario, Joaquín no podía permitirse andar de romance en romance en una sociedad tan cerrada y pequeña como la sonorense, en la que todas las familias se conocían de un modo u otro; tampoco había experimentado algún amorío fugaz y menos había concurrido a un prostíbulo en Sonora porque, si bien existían, eran considerados sitios socialmente reprobables. Bajo la sabia máxima de «pueblo chico, infierno grande», no había secretos que duraran más allá de la oración de las 12, y tarde o temprano todo se sabía. Joaquín era un joven centrado, con convicción y temple, al que la seducción de la piel desnuda de una mujer parecía importarle poco frente a la posibilidad de reencontrarse con su hermano Carlos y ayudar a su familia. Quizá porque nunca había tenido de frente a una mujer desnuda, incitándolo.

Desde luego, la doble moral hacía de las suyas y lo que se rechazaba públicamente se sostenía en secreto, de ahí que el amor pagado fuera tolerado y muchos jefes de familia frecuentaran esas casas nocturnas para dar rienda suelta a esos bajos instintos que nunca compartían con sus esposas.

Joaquín, casi de 20 años, sabía que estaba en edad de sentir en carne propia los placeres del sexo y aprovechó sus días en San Francisco, donde nadie lo conocía, para ir a uno de los prostíbulos que ofrecían sus servicios las 24 horas. Ahorró lo suficiente para tomarse unos tragos de whisky en la cantina antes de lanzarse a su galante aventura; bebió lo suficiente para romper las cadenas de su moral católica, cuidando de no transformarse en un bulto inútil que hiciera fracasar su velada. Envalentonado, nervioso y excitado, Joaquín apuró el último trago de su vaso, sacudió bruscamente la cabeza y salió de la cantina rumbo al primer prostíbulo que se le atravesara.

La fiebre del oro atrajo a un sinnúmero de prostitutas a San Francisco; migraron de otros estados de la Unión Americana a sabiendas de que habría dinero contante y sonante con sus futuros clientes. Muchas de ellas tenían experiencia, habían trabajado en salones de juego, cantinas o burdeles en otras ciudades; algunas incluso viajaron con su propio capital para abrir sus propias casas de prostitución.

Hacia 1850 no había muchas mujeres en San Francisco. Fueron pocas las que se aventuraron a seguir a sus maridos en un viaje que podía no tener buen final para nadie; otras cargaron con todo e hijos y no solo llegaron con sus hombres para establecerse en San Francisco, sino que los acompañaban en la búsqueda de oro, así que familias completas se veían acampando en los valles, en las montañas y junto a los ríos. Pero la mayoría permaneció en sus lugares de origen, esperando a que el marido, el padre o los hermanos encontraran el dichoso caudal de oro y mandaran por ellas.

La región áurea era un mundo construido y diseñado por hombres; así debía ser al principio, por eso no existía la doble moral, ni los secretos ni los escondites. Los hombres hacían y deshacían a placer; por eso la prostitución, lejos de ser condenada, fue bien recibida desde que comenzó la fiebre del oro en 1849. La compañía femenina para formar un nuevo hogar y una familia era poco probable, y los hombres encontraron en las amantes ocasionales la posibilidad de tener sexo sin compromisos, pero también la escucha, el desahogo y la coquetería femenina que alentaban la testosterona masculina y que no exigían obligaciones conyugales. Para validar su hombría solo se necesitaba un puñado de dólares.

Al igual que ocurrió con la posesión de tierras y el hallazgo de los primeros yacimientos de oro, en un principio no hubo reglas claras para la prostitución. Un grupo consolidado de madamas se convirtió en parte esencial de la economía local; el sexo lo controlaba todo y participaba en todo: la venta de alcohol para las 537 tabernas registradas en 1850, la policía que ayudaba a garantizar la seguridad de las mujeres y los médicos que debían procurar la salud de la incipiente población, porque el sexo tan libre era el perfecto caldo de cultivo para infecciones que fácilmente podían traer la muerte.

No faltaban los embarazos no deseados, las enfermedades venéreas, como la sífilis, y otras, como cólera, sarampión, tuberculosis, difteria o fiebre amarilla. Todas eran afecciones que consumían constantemente a parte de la población y que no distinguían entre una prostituta, un barbero, un cantinero o un médico —que en ese entonces también podía ser el barbero o incluso el cantinero—, que debía arreglárselas con poca ciencia y mucho ingenio para tratar de curar algunas de esas enfermedades. Por lo general, quien contraía una infección grave terminaba en el cementerio de la ciudad.

Había madamas que financiaban el viaje de chicas jóvenes a San Francisco y de sus primeras ganancias en el burdel les descontaban el pasaje, que debían liquidar en un plazo no mayor a seis meses. Los hombres solían pagar entre 16 y 20 dólares por una noche completa con una mujer, que podía mostrarles sus encantos sexuales o bien acompañarlos en las mesas de juego. A veces era poco el sexo y más el deseo de dormir con una mujer al lado.

Entre 1849 y 1853, la prostitución tuvo el poder; nadie la cuestionaba, colonos norteamericanos, europeos, mexicanos y sudamericanos se beneficiaron de sus bondades. Sin embargo, conforme fueron llegando familias completas y las esposas crearon sus círculos sociales, la prostitución comenzó a ser perseguida, regulada e incluso satanizada por las propias mujeres que, dentro del seno familiar, sentían que era una amenaza para la estabilidad del hogar.

Joaquín decidió conocer los secretos del sexo con una francesa que había llegado apenas en 1849, junto con doscientas compatriotas dispuestas a revolucionar San Francisco con su sensualidad, los colores de sus vestidos y los aromas de sus perfumes que parecían pócimas para hechizar a los hombres. Por sus artes amatorias, las francesas fueron bien recibidas por los colonos, dispuestos a pagar lo que fuera por una noche con alguna de ellas.

Murrieta se había entusiasmado con una joven de cabello negro, piel blanca y ojos claros, a quien solía sonreírle cada vez que la veía en el salón a donde en ocasiones iba a pasar un rato luego de alguna intensa jornada en el campo.

En un principio, le gustaba ir para admirarla y nada más. Quizá en algún momento etílico imaginó un futuro con ella, una familia con hijos, un hogar tal vez; pero, más temprano que tarde, varios mexicanos con los que había hecho buenas migas le recomendaron que no dejara volar su imaginación. Aquella francesa, junto con las otras mujeres, harían lo que fuera por ganar dinero y de sus labios lo único que escucharía siempre serían falsas promesas de amor.

—A ver, Joaquín, no seas pendejo, si tú le preguntas a cualquiera de estas mujeres «¿Me quieres?», tu francesa y sus amigas te van a responder «*Oui, mon chéri*» con toda seguridad. No son mujeres para formar una familia o un hogar, todos lo sabemos; son encantadoras, saben seducir, saben hacer su trabajo, pero aquí no hay más futuro que el de una noche oliendo y probando el sexo.

Aunque, a decir verdad, hubo varios casos de colonos que se enamoraron de mujeres de la vida alegre y terminaron formando familias, así era la California de mediados del siglo XIX.

Con el paso de los días, Joaquín frecuentaba más y más el salón donde podía ver a su francesita, como se refería a ella, como si fuera una travesura. Lo cierto es que comenzaba a obsesionarse y no podía dejar de pensar en ella. Llegaba a la cantina a la hora en que comenzaba el coqueteo con los parroquianos y no había forma de que no la mirara con lujuria.

La deseaba, enloquecía con sus hombros desnudos y sus brazos delgados, que resaltaban en el vestido negro entallado con el que paseaba entre las mesas de juego y la barra donde todos bebían. La francesa sabía su negocio y se había percatado de que Joaquín estaba rendido a sus pies, aunque hasta entonces solo hubieran intercambiado alguna sonrisa. Sabía usar las armas de su coquetería para seducirlo más, se acercaba a él para preguntarle casi a señas si quería su compañía en la cantina o si prefería que fueran a un lugar más privado.

El gran salón donde estaban la barra y las mesas se conectaba con algunas habitaciones en las que los hombres podían estar con alguna de las mujeres que vendían el placer del sexo.

Ante la presencia de su francesita, Joaquín se ponía nervioso, se volvía torpe; sonreía, pero no con su característica seguridad; parecía un tonto y eso le caía en gracia a ella.

Después de un tiempo, Murrieta finalmente decidió pagar por el amor de la francesa o, mejor dicho, por su sexo. Una noche después de varios whiskies, Joaquín aprovechó que ella pasó a su lado y la tomó de la mano, no fue necesario decir más. Ni una sola palabra salió de los labios de alguno de los dos.

Con el alcohol corriendo por sus venas, con ese sopor etílico que provocaba el whisky barato, Joaquín se dejó llevar por sus instintos. No estaba borracho ni sentía malestar alguno. Su estado de ánimo estaba donde debía estar: abrió las puertas de la sensualidad y el erotismo; se encontraba al límite de la excitación solo por sentir en su mano los dedos tibios de la francesa, oler su cuello y tocar sus hombros desnudos.

En ese momento no importaba nada. Joaquín se dejó llevar como si fuera un baile. Dejó de pensar en su hermano, su familia, Sonora, el oro y todo lo que había marcado su vida durante los últimos meses, y pudo entregarse por completo a la sabiduría, los secretos, la intimidad, el sexo de aquella mujer que lo hizo conocer lugares en su cuerpo que jamás pensó que le provocarían tanto placer.

A pesar de las reiteradas advertencias de sus compañeros, fue inevitable que Joaquín saliera enamorado del burdel cuando clareó al día siguiente. Se juró a sí mismo que permanecería en San Francisco para siempre, se haría de unas tierras a como diera lugar, construiría una casa con sus propias manos y le pediría matrimonio a la francesita para luego formar una familia. Sí, eso quería. Ahora tenía un motivo para permanecer en tierras californianas. Nada podía salir mal porque él la amaba. El poder del sexo es inimaginable y es más poderoso que el del amor. Joaquín confundió el placer con el sentimiento e imaginó que así era la vida en el matrimonio.

La noche siguiente regresó para ver a su francesita de nuevo, para hablarle de sus planes, ofrecerle su corazón y amarla para siempre, pero no fue posible. Al entrar al lugar, vio cómo su francesita se iba con otro hombre a la misma habitación en la que habían estado juntos una noche antes, vio que le sonreía de la misma forma, que le susurraba al oído como a él, que le enseñaba sus hombros desnudos.

Su primera experiencia sexual fue casi una epifanía. Aquella noche en que le rompieron el corazón por vez primera fue dolorosa y terminó en una borrachera marca diablo, como se llamaba el whisky que ingirió durante toda la noche, pero Joaquín entendió la diferencia entre el sexo y el amor con esa breve lección.

Enamorados

Apreciada Carmen:

Me he tomado el atrevimiento de escribirle estas líneas incluso a sabiendas de que no he tenido el gusto, ni el privilegio ni el honor, de conocerla personalmente.

Me tomé la libertad de preguntar por usted, de conocer su nombre, de saber quién era porque desde aquel día en que nuestras miradas se cruzaron —quiero pensar que no fue accidental—, no he tenido cabeza más que para recordar sus ojos oscuros, su bellísimo rostro y su amable sonrisa.

No dudo de que considere esta carta mía como una ofensa de alguien que no es digno de ser llamado caballero; pero créame que lo hago con todo el respeto que merece alguien como usted y solo espero la oportunidad para hablarle, para que me escuche, para decirle tantas cosas que traigo atoradas en mi alma y que solo podrán surgir si usted me permite decirlas.

No quiero ofenderla; ni a usted ni a su familia. Sé que debería comenzar por hablar con su padre, pero no le veo sentido si a usted no le interesa lo que tengo que decirle, por eso solo le pido unos minutos. Le agradezco su atención y quedo de usted.

Joaquín Murrieta

Carmen estaba ruborizada cuando terminó de leer la carta que le había hecho llegar Joaquín con un propio que conocía a una de las empleadas de la familia Félix. La mano con la que sostenía el papel temblaba. Su corazón latía apresuradamente, se sabía emocionada y sonreía, pero también había cierto dejo de preocupación en ella, pues, si su padre llegaba a enterarse de la osadía de Joaquín y de que ella había aceptado la carta a sus espaldas, estallaría en cólera y quién sabe qué podría suceder.

Carmen estaba eufórica. Sintió que la felicidad había tocado a su puerta y, aunque faltaba camino por recorrer, al fin sabía que Joaquín había sentido lo mismo aquella tarde que cruzaron miradas, que no le era indiferente, que se había fijado en ella y algo había tocado su corazón.

Joaquín retrasó varias semanas más su partida hacia Hermosillo solo para toparse con Carmen los días en que iba a misa con su familia. El intercambio de miradas ya era común y eso le provocaba una alegría profunda, pero también inquietud y desasosiego. La mula no era arisca, decían.

A pesar de que, luego de su aventura con la francesita, Joaquín pasó noches enteras entre los cuerpos desnudos y el olor a sexo y perfume de otras mujeres en San Francisco, era un joven inexperto en el amor, por eso necesitaba acercarse a Carmen para saber si aquellas miradas eran sinceras, si realmente había atracción hacia él, si no era una coquetería superficial. Sabía que el camino correcto era hablar con su padre, pero no quería hacerlo sin saberse correspondido; no estaba dispuesto a volver a entregar su corazón para luego recogerlo hecho añicos.

Cuando terminó de leer la carta de Joaquín, Carmen se sintió la mujer más dichosa del universo, pero debía ser cauta. Sus dudas no tenían que ver con el amor, su corazón era terreno virgen y ciertamente no había sentido por nadie más lo que le provocaba Murrieta.

Si su intuición no se equivocaba, imaginaba lo que Joaquín quería decirle, pero no estaba dispuesta a pecar de confiada y tampoco haría nada que pudiera enfurecer a su padre. No lo merecía y no la educaron para darle la espalda a su familia.

En su fuero interno, sabía que Joaquín era el hombre con el que había soñado; no conocía nada de él, no sabía nada acerca de su familia; sin embargo, su intuición le decía que confiara, que era un buen hombre y que podía estar tranquila.

Todas esas sensaciones y emociones, la ansiedad incluida, eran nuevas para Carmen. De haber podido, habría corrido de inmediato a los brazos de Joaquín, lo hubiera abrazado y llenado de besos, pero no podía ni debía hacerlo. No era la costumbre, aunque ya en la intimidad todo fuera posible.

Aquellos días en Guaymas estuvieron llenos de alegría. Carmen decidió actuar con cautela y participar en el juego del cortejo, aunque fuera su primera experiencia con el amor y no tuviera idea de cómo actuar; el corazón mandaba. En las líneas de Joaquín encontró los mejores argumentos para responderle de manera educada pero sin menoscabo de su honor, e incluso fue más lejos: actuó con cierta indiferencia.

> Señor Murrieta:
>
> Mis padres me enseñaron lo que es la decencia y la educación. Soy una mujer educada y por lo mismo no me queda más que agradecerle la carta que me envió, pero debo decirle que encuentro indecorosa e indecente la forma en que lo hizo y lo que me pide en ella, y no concibo que usted siquiera haya pensado que yo aceptaría sin más su petición.
>
> Por el respeto que le tengo a mi padre, jamás aceptaría dedicarle unos minutos a usted sin su consentimiento, por más importante o grave que sea el asunto que quiera tratar conmigo.
>
> No tengo claridad acerca del día en que afirma que «se cruzaron nuestras miradas»; sin embargo, sé quién es usted porque una vez que recibí su carta indagué acerca de su persona. No veo posibilidad alguna de hablar con usted si no es a través de mi padre, a menos que nos encontremos de manera fortuita cuando salgo al puerto los martes a media mañana para realizar diversas diligencias. No tengo más que decir.
>
> Carmen Félix

Hasta manos de Joaquín llegó la respuesta de Carmen, de la misma forma como él le había hecho llegar la suya, lo cual lo entusiasmó sobremanera porque, si a la joven no le hubiera importado lo que escribió, simplemente no habría respondido, aunque luego de leer las líneas de su respuesta se desconcertó. No era cálida, no era amigable; no cabía duda de su educación, pero no había indicio alguno de un trato especial hacia él.

Joaquín tenía muchas cualidades, pero no sabía leer las señales del amor, que nada tenían que ver con el sexo; era emocionalmente torpe. Luego de leer y releer la respuesta de Carmen durante un largo rato, se percató de que no solo estaba interesada en verlo, sino que además le había dado la pista para hacerlo sin que ninguno de los dos se arriesgara de más.

No hubo ninguna otra misiva entre ellos. El tiempo era corto como para malgastarlo en correspondencia. Era momento de actuar. Joaquín aprovechó su estancia de varios días en Guaymas antes de partir para reencontrarse con su familia y el martes inmediato a la respuesta de Carmen se paró a una distancia prudente de la casona de la familia Félix. Cerca del mediodía, la joven salió acompañada de su nana. Caminaba muy oronda, sin prisa, a buen paso, pero un rastro de nerviosismo envolvía su andar; mientras avanzaban, volteaba para todos lados, miraba de reojo, hasta que se percató de que Joaquín las seguía a buena distancia.

Carmen le pidió a su nana que fuera a recoger un paquete de «tenmeaquí» en uno de los comercios que debía visitar, mientras ella se dirigía a otro. Ese fue el momento esperado. En un santiamén, Joaquín estaba a su lado listo para abordarla. Ambos perdieron toda formalidad, como si se conocieran de tiempo atrás; dejaron que fluyera el momento y, sin perder un segundo más, Joaquín comenzó a hablar.

—Carmen, gracias por esta oportunidad, solo requiero unos instantes para decirte todas las cosas que en mi cabeza se han convertido en un remolino de emociones. Dices no recordar el día en que nuestras miradas se cruzaron, pero apostaría mi vida a que lo tienes presente. Sea así o no, lo único que puedo decirte con el corazón en la mano es que, desde el momento en que te vi en la iglesia, no tengo ojos para ninguna otra mujer; eres la dueña de mis pensamientos durante el día y de mis sueños durante la noche. No hay momento en que mi mente no se pierda en ti; eres la dueña de mis desvelos, de mis angustias, pero también de mis esperanzas. No puedo imaginarme el resto de mi vida sin ti, sin la mirada de esos ojos oscuros y sin esa sonrisa que te delata. Permíteme hablar con tu padre, decirle quién soy, de dónde provengo, de mi familia que está avecindada en Hermosillo, de la historia de mi familia. Si me aceptas, puedo jurarte por lo que más quiero que siempre estaré a tu lado para protegerte, para cuidarte y para velar por tu tranquilidad.

Aún no terminaba de hablar Joaquín cuando Carmen, con los ojos llenos de emoción, lo interrumpió:

—Sí, Joaquín, no digas más. Recuerdo el día en que cruzamos miradas; pero, más que eso, lo que tus ojos me hicieron sentir, como si una fuerza ajena me llenara de una felicidad inmensa y recorriera todo mi cuerpo. Desde ese día no dejo de pensar en ti, ni de verte en todos lados. Nunca vi a un hombre de esta forma, pero contigo bastó un instante para desatar un torbellino de emociones en mi alma. Será necesario que hables con mi padre porque, de otro modo, lo nuestro sería un infierno, pero ten la seguridad de que quiero estar contigo, a tu lado, de seguir tus pasos y tu camino. Quiero darte lo mejor de mí, hacerte feliz y ser tuya en todo momento, formar una familia y construir juntos un futuro común.

Joaquín y Carmen se tomaron de las manos unos segundos para evitar que alguien los reconociera y, con ese primer contacto, solo ratificaron lo que sintieron desde el primer instante en que se vieron. Se sabían el uno para el otro y, más allá de que con el tiempo el amor se transforma, era un hecho que estarían juntos hasta que la muerte los llamara.

En ese momento, Joaquín supo diferenciar el amor de la pasión, o al menos comprendió que eran cosas distintas que podían entrelazarse. Sobre todo, pensó que el amor pagado solo era sexo y así había que disfrutarlo. Desde luego, imaginó desnuda a Carmen; pero, antes que con lujuria, la vio con devoción, como su compañera; miró a la mujer con la que deseaba estar, con la que podría amanecer cada día y formar una familia.

Joaquín nunca le confesó a Carmen su despertar en el sexo, ni lo que provocó en él su francesita ni todo lo que aprendió en aquellas noches de placer en los burdeles californianos. Estaba tranquilo y sabía que podía llevar de la mano a su amada Carmen y mostrarle el camino del deseo, del sexo, de la pasión, y sabía también que tendrían mucho por explorar juntos.

En las semanas siguientes, Joaquín se hizo acompañar por su padre para visitar la casa de la familia Félix. Aunque el padre de Carmen ya tenía en mente algunos otros candidatos para yerno, lo cierto es que simpatizó de inmediato con don Juan Murrieta y con Joaquín. No era un mal enlace en términos de negocios de familia, además de que Joaquín era simpático a la vista y agradable al trato, así que no tuvo que esforzarse para ganarse la voluntad de su futuro suegro.

Luego de escucharlo hablar, el señor Félix tuvo la certeza de que su hija estaría en buenas manos. De algún modo, ambas familias estaban conectadas entre sí, por amistades y negocios, así que todo se desarrolló de manera natural. Joaquín y Carmen recibieron el sacramento del matrimonio en la parroquia de Hermosillo y comenzaron su vida juntos en el antiguo Pitic, donde el destino parecía dispuesto a no dejarlos permanecer mucho tiempo. Fueron días felices para el joven matrimonio; días en que las sonrisas lo definían todo y el futuro se presentaba promisorio.

5

El último viaje

La carta

Carmen y Joaquín vivieron la tranquila cotidianidad de Hermosillo durante poco más de un año. La hacienda de los Murrieta prosperaba lentamente, como todo en esa región de la República mexicana. A menos que existiera alguna relación comercial con Guaymas y lo que ofrecía el puerto en mercaderías, lo más importante para la gente del antiguo Pitic era tratar de conservar lo que tenía, pues no había posibilidades de crecimiento debido a que, pese a la distancia tan grande, California se había convertido en el destino desde donde llamaba el futuro tanto a estadounidenses como a mexicanos.

Sin embargo, Joaquín y Carmen no prestaban atención al porvenir, eran felices en tiempo presente, juntos, muy juntos, y disfrutaban la tranquilidad que ofrecía la villa donde se habían asentado. Durante su primer año de casados no hubo noticias de embarazo, lo cual no significaba que no lo buscaran con buen ánimo y mayor deseo. Su descendencia no se había convertido en una obsesión y esperaban que pronto pudieran dar la buena nueva de que a las familias Murrieta y Félix se sumaría otro miembro.

Pero, como en las buenas historias, no todo podía ser felicidad. A finales de 1850, el papá de Joaquín cayó enfermo de algún mal extraño que ni el único médico del pueblo ni los curanderos indígenas supieron cómo remediar; de pronto lo asolaba la fiebre y le venían delirios. Los calosfríos lo hacían sudar copiosamente y perdía el sentido de la orientación. Incluso llegaba a desconocer a su propia familia. No empeoraba, pero, por más remedios que probaran, tampoco mejoraba.

Era el momento menos propicio para recibir noticias de Carlos, pero el destino siempre es voluntarioso y, cuando menos lo esperaban, llegó una carta del hermano mayor de Joaquín, que venía fechada en enero de 1850 desde San Francisco. Esta vez la carta no estaba dirigida a don Juan, sino a Joaquín, y a diferencia de la otra, en la cual nunca dio santo y seña de dónde se hallaba, en esta fue minucioso en sus descripciones; pero, sobre todo, fue directo al grano: le pidió a Joaquín que marchara a California para encontrarse con él lo más pronto posible. Necesitaba su ayuda.

Hermanito de mi alma:

Espero que todo marche bien en Hermosillo y que la familia se encuentre sana. Me enteré de que anduviste por acá hace más de un año. Maldita sea mi suerte por no haberme topado contigo, quizá las cosas serían distintas. Cuando le escribí a papá, no me pasó por la cabeza que te lanzarías a la aventura de venir a San Francisco, de haberlo sabido te habría dicho dónde encontrarnos y qué ruta era la más segura y conveniente. En fin, ya no es tiempo para lamentos.

Tengo mucho que contarte, lo que me ha tocado vivir no ha sido fácil, pero siempre hay una oportunidad y por lo pronto tengo la alegría de comunicarte que encontré oro. No sé qué tan grande sea la veta, pero hay oro en mis tierras. Tienes que venir lo antes posible. Sé que el viaje es devastador, peligroso y que todo puede salir mal, ya lo viviste en carne propia, pero, si eres cuidadoso y precavido, puedes hacerlo de nuevo y salir bien librado.

Desconozco cuándo recibirás la presente, pero, si te animas a venir, dirígete a la misión de San José, no importa la fecha que sea, ahí te podrán dar razón de mí en cualquier momento.

Dale mis saludos a toda la familia, a nuestro padre abrázalo y dile que lo quiero con todo el corazón.

Carlos Murrieta

Joaquín estaba visiblemente emocionado luego de leer la carta de Carlos. En principio era un alivio saber que estaba con vida, pues desde antes de que Joaquín viajara a San Francisco no habían vuelto a tener noticias suyas. En la casa familiar lo daban por muerto, incluso habían rezado una novena por el eterno descanso de su alma y la mamá mandó decir unas misas dedicadas a las benditas ánimas del purgatorio para que intercedieran por su alma si andaba por ahí, vagando en algún lugar del más allá.

Las noticias ayudaron a mejorar el estado de ánimo de don Juan Murrieta, que nomás no se hallaba. Con la salud quebrantada, se había convertido en una carga familiar; todos en casa debían destinar horas para cuidarlo y, en buena medida, muchos negocios en ciernes se habían truncado por su enfermedad.

Ni siquiera Joaquín había podido hacerse cargo de ellos porque su éxito no dependía tanto del conocimiento del negocio como de las relaciones personales que su padre tenía con gente de Guaymas y de El Fuerte, en Sinaloa, a quienes Joaquín ni siquiera conocía. La presencia de don Juan era necesaria para cerrar tratos y garantizar la estabilidad del patrimonio familiar. Así que en las oraciones diarias todos pedían la intercesión de Cristo para que recuperara la salud.

La carta de Carlos no solo llenó de alegría a toda la familia, sino que también rompió la serena estabilidad en la que vivían Joaquín y Carmen en Hermosillo. No había secretos entre ellos y Carmen conocía bien la historia de su cuñado, las circunstancias en que marchó a California y las cartas que había escrito años atrás, mismas que llevaron a Joaquín a San Francisco.

También compartía con su marido el temor de que Carlos hubiera muerto, así que, cuando recibieron noticias suyas, juntos celebraron que se encontrara sano y salvo. Sin embargo, en los siguientes días notó a su marido inquieto, meditabundo, reflexivo y distante. Ante cualquier comentario que le hacía, no recibía respuesta o tan solo un monosílabo que ni siquiera tenía relación con lo que Carmen le preguntaba o le expresaba.

Cierto, Joaquín estaba a su lado, pero su mente estaba lejos, evadida del aquí y el ahora, perdida en quién sabe dónde, aunque no era difícil suponerlo. Los pensamientos de Joaquín ya no estaban en Hermosillo, ahora se encontraban en San Francisco y Carmen lo sabía.

Durante su primer año de casados, Joaquín le refirió sus andanzas en San Francisco, la complació con anécdotas y descripciones; dibujó en el aire sus paisajes, montañas, valles y ríos; le habló de los mexicanos que habían nacido ahí y de los norteamericanos que llegaron a despojarlos de todo; le habló del comercio, de las cantinas, de los negocios, del oro, de todo lo que sus ojos se permitieron ver durante los meses en que buscó a su hermano.

No cabía duda, Joaquín estaba enamorado de San Francisco. No había ningún otro tema ni asunto del que hablara con semejante pasión; se le soltaba la lengua, describía todo al detalle. A pesar de las circunstancias, de las amenazas constantes, Joaquín fue muy feliz en esas tierras, y la posibilidad de regresar lo excitaba, lo llenaba de emoción y esperanza.

Luego de algunos días así, Carmen decidió tomar al toro por los cuernos y hablar con Joaquín.

—Amor mío, te conozco y sé que la idea de volver a San Francisco ha llenado tu mente estos últimos días. Cuando me contabas de tu viaje, lo hacías con una pasión que se desbordaba. No quisiste quedarte allá porque no encontraste a tu hermano y porque tampoco estabas dispuesto a ser sirviente de los gringos. Volviste cabizbajo, triste y desconcertado; pero, si no hubieras regresado, jamás nos habríamos conocido. Así suele ser la Providencia y sus misteriosos designios.

Joaquín escuchaba con atención a su esposa. No estaba seguro de adónde quería llegar con lo que estaba diciendo, pero sabía que tarde o temprano tendrían que discutirlo, porque él no tenía dudas de viajar a San Francisco de nuevo, y por lo tanto la separación era inminente, aunque le prometiera que, una vez establecido en California, mandaría por ella. Carmen continuó hablando con firmeza.

—Hoy, la misma Providencia que nos unió te pone de nuevo en el camino a San Francisco. Cuando no casamos, prometí seguirte a donde fuera, hasta el fin del mundo si es necesario. Sigo en lo dicho, mantengo mi promesa. Si ese es tu sentir y quieres hacerlo, lo único que no te voy a permitir es que lo hagas sin mí. Si quieres ir a San Francisco, iré contigo.

Joaquín la miró con sorpresa y entró en pánico. Era la mayor muestra de amor que podía entregarle, pero al mismo tiempo no quería arriesgar al amor de su vida. Trataría de convencerla de permanecer en Hermosillo en tanto se establecía en San Francisco y garantizaba el sustento de ambos y de la familia que llegaría tarde o temprano. Carmen continuó:

—Lo que te quiero decir es que por ahora nada nos ata a Hermosillo. Podemos comenzar juntos en cualquier otro lugar y San Francisco parece ser una buena oportunidad. Por ahora no tenemos hijos, no estoy embarazada, puedo hacer el viaje. Me educaron en buena cuna, pero a lo largo de este año te he demostrado que tengo carácter para llevar la casa, para entrarle a lo que se necesite, incluso para cuidar a tu padre ahora que se encuentra enfermo.

Joaquín estaba conmovido por las palabras de su mujer. Dios, el destino, la vida lo habían bendecido con una pareja maravillosa. Sus temores y dudas desaparecieron. A su juicio, era un hecho que en San Francisco había un futuro que los esperaba, más vasto, con más oportunidades, con una visión del mundo muy distinta de la que ofrecían Hermosillo o Guaymas. Allá podrían criar a sus hijos y, quizá con el tiempo, podrían llevarse a sus padres. Era un lugar con un clima más benévolo y donde podrían vivir los últimos años de su vida.

—Carmen, vida mía. No dejas de sorprenderme —comenzó a hablar Joaquín mientras tomaba las manos de su esposa—. Tus palabras me abrazan, me reconfortan. Sabes hacerme feliz sin tener que esforzarte. Antes de escucharte no nos imaginé juntos en San Francisco sino hasta mucho tiempo después, no estaba dispuesto a ponerte en riesgo de ninguna manera. Ni siquiera te lo hubiera pedido. Y sigo pensando que llevarte es demasiado peligroso, pero desfallecería antes de llegar a mi destino si no estás a mi lado. No puedo vivir sin ti, mucho menos imaginarme tan lejos sin tu compañía.

—Pues no se diga más —lo interrumpió de inmediato Carmen—, preparemos todo para partir.

Joaquín la sosegó.

—No, espera, Carmen. Quiero que vengas conmigo, pero no voy a ponerte en riesgo cruzando Sonora, Arizona y California. Se me ocurrió lo siguiente. Por ahora no podemos partir, no puedo dejar a mi padre solo. Sé muy bien que aquí pueden cuidarlo, pero soy el hombre de la casa y me siento responsable por el bienestar de la familia. Nos quedaremos el tiempo que sea necesario en Hermosillo y, en tanto mejora, puedo juntar dinero para que viajemos a San Francisco desde Guaymas. Sé que alguna vez te conté que mi regreso de California fue entre náuseas y vómitos, pero, si eso es lo peor que afrontaremos, bienvenidos sean.

A Carmen le pareció sensata la propuesta de su esposo y, luego de una larga espera de diez meses, cuando don Juan comenzó a dar señales de una franca mejoría, Joaquín y Carmen se dispusieron a partir. Marcharon a Guaymas, donde se despidieron de la familia de Carmen y se embarcaron rumbo a San Francisco, a donde llegaron varias semanas después sin ninguna novedad.

Los hermanos Murrieta

No medió palabra entre ellos, tan solo se fundieron en un abrazo fuerte, generoso. Lo que no había podido hacer la Providencia tres años atrás, el destino lo había reparado. Joaquín y Carlos se encontraron de manera fortuita caminando por las calles de San Francisco, como si hubieran acordado reunirse justo ahí. No pudieron ni quisieron ocultar sus lágrimas. No había transcurrido tanto tiempo desde que Carlos dejó Hermosillo, quizá cuatro años, a lo sumo cinco, pero parecía una eternidad.

Luego de varios minutos en que los dos hermanos permanecieron abrazados, Joaquín tomó la mano de Carmen y le dijo:

—Te presento a Carlos, mi hermano mayor.

El cuñado, sorprendido, expresó:

—Mucho gusto y a sus pies, señora —dijo mientras le extendía su mano como una señal de cortesía, a lo que Carmen respondió con una amplia sonrisa.

—Hermanito, jamás pensé que estuvieras casado. Te sigo viendo como mi hermano menor, como cuando éramos niños y salíamos a cazar víboras y alacranes cerca de la casa de nuestro padre. No imaginé que hubieras decidido sentar cabeza de una vez, enhorabuena.

—No podía dejar escapar a la mujer más maravillosa de toda la República mexicana —respondió Joaquín, con lo que logró que Carmen se ruborizara.

Hacía dos días que la joven pareja había desembarcado en San Francisco; Joaquín llevaba suficientes recursos para comprar, entre otras cosas, un caballo y alquilar una carreta para marchar lo antes posible a la misión de San José, como le había pedido Carlos. Estaban hospedados en una posada regenteada por mexicanos, pues Joaquín se sentía más cómodo y seguro ahí que en cualquier hotel administrado por los gringos.

San Francisco, en 1851, era ya una ciudad en el amplio sentido del término y dejó atrás la imagen de pueblo que Joaquín alcanzó a conocer dos años antes. La prosperidad se reflejaba en el crecimiento urbano, en los hoteles, los salones y las cantinas que se habían multiplicado, en los carruajes que recorrían las calles. Las embarcaciones que en un inicio se habían utilizado para albergar hoteles y cantinas habían desaparecido y el puerto mostraba gran actividad.

Carmen también quedó impresionada con la ciudad, incluso pensó que las descripciones de su marido estaban lejos de lo que ahora miraba con sorpresa. Para ella, que no conocía más que Hermosillo y Guaymas, San Francisco debió parecer avasallante. El sitio donde alguna vez solo hubo una misión franciscana a la que nadie, ni las autoridades mexicanas de otros tiempos, le prestaba atención se había transformado en un próspero puerto estadounidense.

Carlos tuvo la cortesía de invitarlos a cenar a uno de los muchos restaurantes que ofrecían su servicio; también prefería dejar sus dólares en manos mexicanas, así que ingresaron a un merendero. Al fin y al cabo, el menú era siempre el mismo que servían en todos lados: carne asada, algún potaje con papas, frijoles, pan y tortillas. No había otra opción y nadie esperaba algo distinto, lo importante era abatir el hambre.

Antes que cualquier otro tema, Carlos preguntó por la familia. Joaquín le refirió cuál era la situación y la enfermedad que había tenido postrado a su padre durante varios meses, pero, antes de que llegara a preocuparse, también le aseguró que habían viajado una vez que mostró una notoria mejoría.

Por lo demás, todos estaban bien, mantenían la rutina que él había conocido y la vida en Hermosillo seguía monótona y sin grandes sobresaltos después de la guerra con Estados Unidos y la pérdida del territorio.

Luego de brindar por la familia y darle un sorbo a su cerveza, Carlos comenzó a platicarles cuál era su situación en esos momentos.

—Ay, hermanito, no sabes cómo han cambiado las circunstancias desde que te escribí aquella carta. ¿Recuerdas que encontré oro en las tierras que me otorgaron las autoridades? Fue cierto, hallé una buena veta y estaba listo para comenzar a explotarla, por eso te escribí, porque no confiaba en nadie aquí y solo podía recurrir a ti.

Joaquín colocó su mano sobre el hombro de su hermano mayor.

—Pero todo se complicó —continúo Carlos—. El número de gringos que llega día con día se ha multiplicado. Estas no eran sus tierras, pero ahora lo son y así lo asumen, y se sienten con derechos sobre ellas, con razón o sin ella. Las autoridades son timoratas y siempre terminan por otorgarles la razón en cualquier pleito que surja con motivo de las propiedades que los mexicanos tenían aquí desde antes de la guerra.

Carlos miró a través de la botella de cerveza clara y dejó salir un suspiro.

—El oro ha sacado lo más despreciable de la naturaleza humana. Gran parte de los colonos que llegan son pobres, no tienen recursos, algunos prefieren mendigar para luego contratarse en algún trabajo eventual; pero, eso sí, se sienten superiores porque son norteamericanos. Dejaron sus ciudades de origen porque pensaron, y sobre todo creyeron, que podían hacerse ricos sin trabajar, con solo extender la mano. Migraron porque no tenían futuro ni opciones, dejaron de ser pobres en el este para ser pobres en el oeste.

Preocupados por el relato de Carlos, que asomaba las primeras calamidades de su nueva vida, Carmen y Joaquín se tomaron de la mano.

—Los primeros tuvieron la fortuna de encontrar oro a diestra y siniestra, pero de un tiempo para acá, si quieren oro, tienen que trabajar, y las tierras donde se encontraron las mayores vetas ya son propiedad de algunos gringos miserables que han hecho buena fortuna y ahora regentean la exploración y explotación de minas en tierras que no son suyas. Los que tenían suficientes recursos contrataron a los más pobres no solo para trabajos de minería, sino como espías para conseguir información acerca de las tierras de los mexicanos; su misión es averiguar si habían encontrado oro, si tenían minas o algunas vetas por explotar. Con esa información, los más codiciosos no dudaron en presentarse con los dueños para arrebatarles sus propiedades, incluso llegaron a matar a terratenientes mexicanos para arrebatarles sus tierras.

Carmen soltó la mano de Joaquín y llevó la suya a la boca en un gesto de indiscutible asombro. Su marido creyó adivinar lo que estaba por escuchar.

—Hermanito, cuando te escribí no tenía pleito con nadie, pero ahora tengo la certeza de que pusieron a uno de esos espías a seguirme. Ese canalla debió prestar atención a mis conversaciones en la cantina, escuchó lo que comentaba con mis conocidos y de pronto, de la nada, con títulos falsos me despojaron de las cuatro leguas que me había otorgado de manera legítima el Gobierno. Por supuesto, nadie consideró mis alegatos y los gringos se salieron con la suya.

Joaquín apretó el puño bajo la mesa.

—Hoy no tengo nada que ofrecerles, hermanito, y me apena mucho que hayas viajado desde tan lejos, sobre todo que hayas venido con tu esposa a una tierra donde ahora no hay garantías de nada y no puedo siquiera ofrecerte trabajo, ni siquiera un techo, ni hablar de seguridad.

Carlos pidió un whisky y lo bebió de un sorbo; se veía desencajado, triste, cabizbajo. Joaquín y Carmen no pudieron más que acongojarse y sentir pena por él. Todavía estaban a tiempo de regresar a México, tenían recursos suficientes para volver a embarcarse rumbo a Guaymas, pero en ese momento ninguno de los dos externó su opinión. Querían saber qué era lo que Carlos tenía en mente.

—Este fortuito encuentro, hermanito, ha sido una bendición para mí. Si hubieran llegado unos días después quizá ya nunca nos habríamos vuelto a ver. En la misión de San José dejé una carta para ti en la que refiero todo lo que te he contado esta noche, te pido una disculpa y te recomiendo regresar a Sonora. Aquí no hay lugar para ti y no quiero involucrarte en la lucha que estoy por iniciar.

Carlos pidió un segundo whisky, que desapareció apenas acercó el vaso a su boca.

—No, no estoy preparando una revolución. Lo haré por todos los medios legales a mi alcance, porque la justicia, la ley y la razón están de mi lado, así que iré hasta las últimas consecuencias. Sí, soy consciente de que los gringos, casi todos, no quieren saber nada de nosotros; son gente hostil para la que nuestras vidas, o las vidas de los chinos o las de otros migrantes, no valen nada. A pesar del despojo, no me voy a rendir. Tú bien sabes que los Murrieta no sabemos doblegarnos. En un par de días parto para la zona minera porque me dijeron que ahí se encontraba un testigo que puede ratificar ante las autoridades que el Gobierno me entregó legítimamente esas cuatro leguas de tierra, que son mías y puedo hacer con ellas lo que me venga en gana.

Carmen miró de reojo a su marido, que apretaba con fuerza el borde de la mesa sobre la que aún quedaba buena parte de la cena que Carlos había ordenado para compartirles tan aciagas noticias.

—También supe que ese testigo está dispuesto a declarar en mi favor y respaldar mi versión de los hechos —retomó Carlos—. No sé si lo encuentre, no sé si todo es una hablada y me están poniendo un cuatro, no sé si sea un viaje sin retorno, lo único de lo que tengo certeza es que no me voy a quedar cruzado de brazos, y si la vida se me va intentando recuperar lo que por derecho me pertenece, que así sea.

Al terminar de escuchar a su cuñado, Carmen supo que no regresarían a Hermosillo. Su futuro inmediato estaba escrito en California. Había cierto desánimo que se reflejaba en su rostro, no por la incertidumbre, pues ella estaba convencida de seguir a su marido a donde fuera. Lo que la agobiaba era ver frustrado el sueño de Joaquín, que había viajado con grandes esperanzas en el porvenir de ambos y el de su futura familia, y seguramente le entristecía no poder cumplir su palabra.

Por otra parte, sabía que Joaquín no dejaría a su hermano a su suerte; no estaba en su naturaleza huir y sin duda se sumaría a la cruzada que estaba por iniciar. Si la Providencia los había llevado hasta ese momento, era por alguna razón y no lo abandonaría por ningún motivo.

El destino se movía en todas direcciones, como si hubiera perdido el rumbo, y el futuro se mostraba nebuloso, como si un banco de niebla hubiera aparecido frente a sus ojos para impedirles ver con claridad hacia dónde seguir. Las certezas se desvanecían y se convertían en dudas.

Aunque se escuchaba el ruido blanco de las conversaciones, las risas, la música y el chocar de las copas y tarros con los que los parroquianos brindaban alegremente esa noche, un pálido silencio flotaba sobre la mesa de los Murrieta. Se miraban sin decir palabra, clavaban los ojos en sus platos y removían la comida como si esperaran el final de la noche. Luego de un par de whiskies, Carlos se levantó de su silla, tambaleándose ligeramente, ofreció una disculpa y salió a orinar.

Joaquín volteó para ver a su esposa, esperaba una mirada inquisitiva, algún indicio de reproche, desconcierto, miedo, un gesto que le indicara qué debían hacer. Pensó que Carmen le pediría regresar a Guaymas lo antes posible y buscar la tranquilidad y la paz del puerto, o viajar hasta Hermosillo, de vuelta a ese desierto milenario que siempre estaría ahí, esperándolos. Tendría razón en exigirle que regresaran a México, abrigados por ambas familias, sin arriesgar nada, entre sus conocidos y sus amistades. Y, sin embargo, Carmen le dijo:

—Cumple con tu deber, Joaquín. No tienes que decirme nada ni convencerme de nada, amor mío. Te dije que estaba dispuesta a venir contigo. No me arrepiento. No te sientas avergonzado por lo que no pudo ser, veamos cómo le damos forma a lo que puede ser.

A Joaquín le resultaba asombrosa la serenidad con que su mujer afrontaba lo que para él era un fracaso. Tenía poco más de 17 años cumplidos y hablaba con la sabiduría que dan los años, las experiencias amargas, la vida misma con su rudeza. Era difícil concebir su tranquilidad a pesar de su juventud, pero así era su carácter; no se arredraba, y si tenía dudas, no las externaba; sabía que su destino era complacer a su esposo; eso le enseñó su madre y, lejos de asumir el papel de una joven caprichosa, asumió el de una mujer madura.

Luego de algunos minutos, Carlos volvió a la mesa y tomó asiento. Joaquín no lo dejó hablar.

—Carlos, mi hermano, hubiera sido grandioso que todo siguiera tal cual lo describiste en tu carta, pero la realidad no es así y no siempre juega a nuestro favor. Permaneceremos en San Francisco y te acompañaré a buscar a tu testigo. Dos Murrieta son mejor que uno, quién quita y necesitas ayuda. Además, he de confesarte que, cuando estuve aquí, me hice de una Colt con la que, modestia aparte, no sé fallar.

Carlos no se negó a la ayuda, ni siquiera hizo intento alguno por convencerlo de que era una locura seguirlo. Simplemente abrazó de nueva cuenta a su hermano y luego, ya a medios chiles por los whiskies ingeridos, también se tomó la libertad de abrazar a Carmen, al fin y al cabo era su cuñada. Eso sí, antes de dar por concluida la velada y marcharse del restaurante, el mayor de los Murrieta agregó:

—Eres bienvenido a mi expedición, Joaquín, pero me parece que no es conveniente que tu esposa permanezca en San Francisco, no solo porque van a gastar sus recursos, sino porque el ambiente aquí no es bueno para una mujer decente y menos si es mexicana. Podría pasarle cualquier cosa. Antes de partir a la sierra Nevada iremos a la misión de Dolores, está llena de mexicanos y tengo un amigo, Manuel Sepúlveda, que tiene un pequeño cuarto disponible, en el cual estará cómoda y segura.

Joaquín no puso reparos y a Carmen le pareció buena idea seguir el consejo de su cuñado. Esa noche regresaron al hostal donde se hospedaban y se entregaron al placer como si no hubiera un mañana, con la curiosidad de la primera vez y la experiencia de los cuerpos que se reconocen, dejando que el olfato los guiara en absoluta excitación.

No fue una despedida. Su apasionada noche marcó el comienzo de algo distinto para ambos. Ante las expectativas de lo que vendría, ante la incertidumbre, ante el amor que los unía, desataron la fogosidad del sexo crudo, única ruta de escape hacia el futuro. Cogían con frecuencia, por lo que hacía tiempo que no sentían que sus cuerpos temblaban y se les cortaba la respiración.

Se entregaron con el deseo ardiente que recorrió sus cuerpos durante horas y durmieron desnudos hasta que el fresco caló sus huesos y debieron cubrir su desnudez con pieles de animales. Fue necesario atizar la chimenea y abrazarse hasta el amanecer.

Los primeros rayos del sol irrumpieron en la habitación donde dormían profundamente Carmen y Joaquín. La noche había transcurrido como un ensueño del que les hubiera gustado no despertar, pero la realidad tocaba a su puerta y les esperaba una larga jornada y una triste despedida.

Muy poca gente solicitaba un baño de tina en aquellos días porque era costoso pagar el servicio, pero Joaquín no escatimó en ello. No sabía cuándo volvería a darse un baño, así que aprovechó la compañía de su esposa para hacerlo. Una vez listos, aguardaron a que Carlos se presentara en el hostal.

No había tiempo que perder, se dirigieron a comprar un caballo y una pequeña carreta, adquirieron provisiones para Carmen, se hicieron de cartuchos, algo de dinamita, carne seca, agua y un par de botellas de whisky para lo que se ofreciera y, finalmente, dejaron San Francisco con rumbo a la misión de Dolores, donde pasaron la noche.

Al amanecer, Joaquín preparó su montura, a la que aseguró un rifle de repetición que consiguió a buen precio, deslizó su Colt en la pistolera y enfundó un cuchillo que lo había sacado de muchos apuros en sus andanzas por el desierto de Sonora y que siempre estaba afilado como navaja. Carlos también llevaba sus propias armas y además se encargó de sus provisiones.

Con todo dispuesto para la partida, Joaquín se despidió de Carmen, la abrazó con todas sus fuerzas y le dio un beso. Le agradeció que estuviera siempre a su lado y le prometió que regresarían con bien, aunque no sabía cuántos días estarían fuera.

Nuevamente se juraron amor eterno, bendijeron su relación, hablaron del futuro, de la esperanza, de la felicidad. Fue un momento muy difícil para ambos. Después de un último abrazo, Joaquín montó su caballo y alcanzó a Carlos a las afueras de la misión, donde ya lo esperaba.

Cabalgaron a buen paso, sin prisa, como si el tiempo no existiera, porque tampoco importaba. Los hermanos Murrieta marchaban a la aventura, ambos lo sabían. Nada garantizaba que pudieran encontrar al minero que testificaría en favor de Carlos. Nada garantizaba tampoco que regresarían con vida. Su destino estaba en manos de la Providencia, y su suerte también.

—¿Cuál es nuestro destino? —preguntó Joaquín.

—Es un pueblo minero que se llama Hangtown. ¿Sabes qué significa? —respondió Carlos con cierta malicia—. Los mexicanos lo conocemos como El Ahorcado.

Joaquín sonrió levemente. Los hermanos Murrieta cabalgaban juntos para buscar justicia.

Hangtown

El viejo roble se levantaba imponente en la esquina de una calle cercana a la plaza principal del pueblo. Era un árbol majestuoso de largas ramas y gran follaje, que daba una espléndida sombra bajo la cual se antojaba tomar una siesta o descansar mirando el cielo azul y el movimiento de las nubes arrastradas por el viento.

Pero a nadie le importaba eso; los hombres le asignaron un uso más práctico y siniestro: sus ramas eran lo suficientemente gruesas y fuertes como para resistir el peso de un cuerpo y los pobladores se habían acostumbrado a ver cadáveres colgados durante varios días, meciéndose lentamente mientras hacían crujir sus ramas, como escarmiento para los delincuentes.

Los Murrieta llegaron a Hangtown y se encontraron con un importante campamento minero al que desde 1854 se le había concedido la calidad política y administrativa de «pueblo» y que desde entonces es sede del condado El Dorado, hoy conocido como Placerville. El oro le permitió convertirse en el tercer pueblo más grande de California hacia el final de la década de 1850. Joaquín y Carlos se asombraron al ver aquel próspero pueblo del oeste repleto de cabañas de madera, cantinas y salones, comercios, hostales, cárcel y hasta dispensario.

La fiebre del oro no comenzó en Hangtown, pero sí muy cerca, a tan solo 15 kilómetros al noroeste, en un campamento llamado Coloma. En ese lugar fue donde James Wilson Marshall encontró, de manera fortuita, pepitas de oro en el afluente sur del American River, mientras construía un aserradero, el 24 de enero de 1848, y desde entonces nada volvió a ser igual.

Mientras Coloma perdía importancia hasta convertirse en un pueblo fantasma, Hangtown se erigió como el centro gravitacional del nuevo El Dorado. La región completa se popularizó como Mother Lode (veta madre), término con el que los gringos se referían a una franja de seis kilómetros de largo por 190 de ancho, que comprendía la Sierra Nevada de California y donde se encontraban los mayores depósitos de oro. Pero el ominoso pueblo no siempre fue conocido como Hangtown.

Durante los meses siguientes al primer hallazgo, el descubrimiento de pepitas de oro atrajo a más de mil hombres. La capacidad del campamento de Coloma pronto quedó rebasada y al cabo de unos meses más se estableció otro campamento a 15 kilómetros al sur. El lugar fue conocido como Old Dry Diggins porque los mineros tenían que acarrear la tierra seca hasta la corriente del río para lavar el oro.

Junto a los colonos que se establecieron para cumplir su sueño de hacerse ricos también llegó gente indeseable, aventureros con mala reputación que no querían encontrar oro, sino arrebatárselo a quienes lo hallaran. Los asaltos y asesinatos se hicieron comunes porque los yacimientos se encontraban alejados y aislados unos de otros, y más aún del pueblo.

Los forajidos no tenían empacho en tomarse su tiempo para cometer sus fechorías. Esperaban a que los gambusinos y mineros terminaran el día y, al regresar a Coloma o a Old Dry Diggins, los interceptaban para quedarse con su oro. Si era necesario asesinar, no se tentaban el corazón, lo hacían y les resultaba más conveniente porque nadie podía identificarlos, así los bandidos podían mezclarse entre la gente del pueblo, en la cantina, como si fueran parte de la comunidad.

En los primeros meses de 1849, el pueblo fue sacudido por el asesinato de unos mineros muy apreciados por la comunidad. Los delincuentes no sabían que una de sus víctimas había logrado sobrevivir y, más temprano que tarde, reconoció a los tres ladrones que perpetraron el crimen paseando alegremente por el pueblo y dilapidando el botín.

De inmediato, la gente los aprehendió y un grupo de ciudadanos se organizó como un jurado improvisado para determinar el castigo que debía aplicarse. Old Dry Diggins era un pueblo sin ley, no había reglamentos. La gente se reunió para exigir justicia y el jurado les preguntó a los presentes: «¿Qué hacemos con ellos?». La respuesta fue unánime: «¡Cuélguenlos!».

La turba arrastró a los delincuentes hasta el roble, eligió la rama más fuerte, amarró las cuerdas y en un santiamén los cuerpos sin vida se balanceaban golpeándose entre sí. Fue la primera ejecución que se conoció en Mother Lode.

Aparentemente, la justicia había llegado a Old Dry Diggins y, en adelante, la gente podría vivir tranquila, segura y en paz, pero no fue así. En el pueblo predominaban los estadounidenses y lo hicieron valer; como todavía no había instituciones legalmente establecidas en California, los habitantes con más recursos se apropiaron de la justica y aplicaron la ley a su conveniencia.

El jurado que condenaba a los delincuentes actuaba de manera discrecional, siempre a nombre del pueblo y con su apoyo, pero no era cierto: rara vez actuaba con plena justicia; en casos donde estaban involucrados mexicanos, generalmente fallaban en su contra o simplemente se hacían de la vista gorda porque tampoco había una autoridad que persiguiera el delito.

Colgar gente se convirtió en una costumbre. No había día en que no hubiera un cadáver a la vista de todos, como si el roble en vez de dar frutos diera ahorcados. La justicia en manos del pueblo era un polvorín y un arma de dos filos, lo mismo podía beneficiar a la sociedad que llevarla a extremos inimaginables. Podía defender una causa noble o sumarse a un linchamiento en la plaza pública.

En una ocasión llegaron al pueblo cuatro hombres a los que les gustaba el juego y dedicaban todas sus horas a las cartas; la gente desconfiaba de personas así porque Old Dry Diggins era un pueblo minero, nadie vivía del juego o hacía del juego su modo de vida. No había que ser muy inteligente para saber que eran delincuentes y utilizaban el tiempo de las partidas de naipes para observar y elegir a los parroquianos que asaltarían más tarde.

A pocos días de su llegada, varias personas fueron asesinadas en distintos lugares de la zona minera, algunas incluso en sus propias cabañas, y todas fueron despojadas del oro que poseían.

Para nadie era un secreto que los crímenes habían sido ejecutados por los forasteros. Los ciudadanos resolvieron que cualquier jugador profesional, es decir, todo aquel que no tuviera otra ocupación, debía irse del pueblo dentro de las siguientes 24 horas. Los delincuentes ni se inmutaron, se creían impunes y actuaban en consecuencia.

Tan seguros estaban de que nadie haría nada que se dieron el lujo de asesinar a otro lugareño que había reunido pruebas para demostrar que aquellos forasteros eran los asesinos. Esa fue la gota que derramó el vaso; la gente estaba tan cansada de tanta vejación, de tanto abuso y de tantos crímenes, que respondió amotinándose.

La muchedumbre enardecida se dirigió a la cantina del pueblo y, sin mediar palabra, los desarmaron, los ataron de pies y manos, los arrastraron por el pueblo y los colgaron en el roble. De nada sirvieron sus gritos ni sus lamentos, la gente quería venganza, no justicia, y la única forma de vengarse era darles muerte.

El propietario de la cantina increpó a la multitud, quiso defenderlos diciendo que eran clientes honrados, que no tenían ninguna deuda y eran inocentes. Pagó caro su atrevimiento. Alguien de la multitud lo acusó de ser cómplice de los cuatro ajusticiados —lo cual se comprobó poco tiempo después—, así que le colocaron una soga en el cuello y se lo llevaron a rastras hasta el roble, donde también lo colgaron. Cinco ahorcados el mismo día en la misma rama del mismo árbol, vaya roble más robusto. No fue una ocurrencia que el pueblo comenzara a ser conocido como Hangtown.

6

Colgados

Todo había sido tan rápido, tan súbito, tan inesperado que no podía siquiera reconstruir lo que acababa de pasar. ¿Qué sucedió? ¿Qué hicieron? ¿A quién ofendieron? La mente de Joaquín estaba nublada, como si le hubieran propinado un golpe en la cabeza. De pronto deliraba, repetía palabras para sí mismo, sin ninguna lógica.

Estaba devastado; Carlos Murrieta, su hermano mayor, su gran ejemplo, su cómplice, yacía junto a él, sin vida. Se la arrebataron, se la robaron. «¿Por qué Dios lo había permitido?», se preguntaba. Joaquín temblaba frente al cadáver de su hermano, se acercaba a él para tocar su rostro, tomaba sus manos para calentarlas, le hablaba al oído, quería verlo despertar de esa pesadilla, porque no tenía duda de que eso era, un mal sueño.

Tarde o temprano despertaría y seguirían cabalgando juntos por los caminos de California; platicarían sobre el futuro, no importaba si encontraban oro o no; se las ingeniarían para hacer fortuna y construirían una finca juntos, el lugar a donde llevarían a vivir a sus esposas, donde crecerían sus familias y correrían sus hijos. Sí, eso era, una pesadilla que terminaría al amanecer, cuando Carlos abriera los ojos y estirara los brazos y se levantara para preparar café antes de seguir cabalgando.

No era una pesadilla. Joaquín podía sentir la piel lacerada del cuello de su hermano, las marcas que dejó la cuerda con que lo colgaron, el rastro del ahorcado. Sollozaba y abrazaba el cadáver sin saber qué hacer, perdido en su propio dolor, en el desconcierto, entre la ira y su deseo de venganza. Por más que lo intentaba, no podía reconstruir lo sucedido; su hermano estaba muerto en la habitación, junto a él.

Recordaba el largo camino que habían recorrido desde la misión de Dolores, donde dejaron a Carmen, hasta Sacramento, un poblado venido a menos en los últimos tiempos, desde que el interés de los migrantes se enfocó en la región de Mother Lode, que se encontraba entre San Francisco y Hangtown.

Carlos y Joaquín decidieron pernoctar ahí y descansar un par de días para recuperar fuerzas, abastecerse de víveres y obtener más información acerca del minero que debían encontrar en Hangtown. Todo era incertidumbre, pero por lo menos los hermanos compartían el buen ánimo y la confianza de que, a la larga, Carlos podría recuperar sus tierras.

Su posible testigo era un californio de apellido Flores, quien había hecho buenas migas con los gringos porque participó en la guerra de Texas en 1836 del lado de los filibusteros estadounidenses que apoyaron la independencia de los texanos; aunque su ascendencia era española, asimiló las mañas gringas y aprendió de sus miedos y odios, pero siempre detestó sus excesos.

Por diversas circunstancias, conoció al gobernador que le otorgó las cuatro leguas de tierra a Carlos Murrieta, incluso sabía del asunto por la amistad que guardaba con el político. También tuvo conocimiento del despojo y la manera tan ruin como un grupo de gringos habían montado una farsa para quitarle sus tierras a Carlos.

Como la mayoría de los hombres en esos años, Flores también fue tentado por la fortuna y se marchó a Mother Lode. Los gambusinos de mayor experiencia le revelaron sus secretos, o al menos eso decía, y no tardó en convertirse en un experto; sacaba polvo de oro hasta de las piedras y disfrutaba pasar horas en los placeres —los arenales donde solían encontrar oro los gambusinos— porque el sonido del agua corriendo le provocaba una agradable sensación de paz.

Nunca confió del todo en los gringos, por lo que buscaba oro lejos de Hangtown, además de que la competencia era cada vez mayor, así que prefería cabalgar por horas y acampar en soledad a la orilla de algún afluente para comenzar ahí su búsqueda. Cuando reunía suficiente polvo de oro, regresaba al pueblo a venderlo y pasaba unos días entre sus calles antes de volver a marcharse a la aventura.

Conocer el apellido de su posible testigo era un buen comienzo. Pensaron que no sería difícil encontrarlo en Hangtown alguien debía conocerlo y darles razón de él. Al parecer, los vientos soplaban en favor de los Murrieta.

Antes de partir, los hermanos vendieron sus caballos y compraron unos mejores. La distancia que faltaba por recorrer era muy grande, les llevaría varias jornadas y el terreno se presentaba escabroso; entre mejores monturas llevaran, el trayecto sería más cómodo y seguro. La transacción se llevó a cabo con todas las de la ley, y reiniciaron la marcha.

Luego de varias horas cabalgando, los Murrieta se internaron en Mother Lode. No había gran diferencia con el paisaje que habían visto en jornadas anteriores, pero la Sierra Nevada alcanzaba a divisarse con mayor claridad y la temperatura, cuando se ocultaba el sol, descendía drásticamente.

Por fortuna, Carlos conocía la región y estaba acostumbrado a acampar en el bosque; además, antes de dejar el último pueblo había comprado una lona que les serviría para guarecerse cuando comenzaran las lluvias.

Mientras divisaban la caída de un sol anaranjado detrás de la caprichosa orografía de la sierra, Carlos detuvo su caballo y Joaquín, que iba unos metros detrás, hizo lo mismo.

—Recuerda, Joaquín —le dijo Carlos en un tono paternal—; siempre que andes por estos lugares y decidas detenerte a descansar, debes prender una fogata, no solo para entrar en calor, preparar café o asar algo de carne; la fogata puede salvarte la vida, pues en la noche los lobos merodean y han aprendido que los campamentos significan alimento. Incluso he sabido de casos en los que una manada ha matado varios caballos de los colonos aprovechando la oscuridad.

La noche estrellada del cielo californiano parecía tan ajena a las pasiones humanas. En la bóveda celeste había tantas estrellas que no habría cabido una más. La profunda oscuridad del bosque, el aullido lejano de los lobos, el fuego que hacía tronar la leña eran sonidos que Joaquín disfrutaba.

Era una noche serena, espléndida. Joaquín sentía que podía permanecer ahí para siempre, solo le hacía falta Carmen, a quien extrañaba con el alma. Juntos habrían mirado al cielo como solían hacerlo en Sonora mientras platicaban hasta la madrugada. Qué distintas eran las noches en el desierto, donde el frío calaba los huesos y había que estar atento de alimañas ponzoñosas y serpientes que hacían de las suyas al caer el sol.

Ahora se encontraba sin su mujer, pero al menos en esos momentos no había nada que temer. Su mayor preocupación era continuar el camino por la mañana.

Luego de varios días sobre la silla, los hermanos Murrieta finalmente entraron por la calle principal de Hangtown. Llegaron al pueblo por la mañana y se dirigieron de inmediato al salón para tomar café y desayunar algo. Aunque estaban acostumbrados a la vida campirana, no había nada como sentarse a la mesa, pequeño placer al que estaban acostumbrados desde los años en Hermosillo.

Para la hora en que Carlos y Joaquín probaron bocado, la mayor parte de la población ya se encontraba en los yacimientos o en los placeres buscando oro. Nadie se percató de su presencia porque era común que cada día llegaran nuevos forasteros. A menos que mostraran una actitud hostil o se instalaran en la casa de juego, nadie los molestaría.

Para mayor seguridad, los Murrieta no ingresaron armados al salón; sus rifles y pistolas los guardaron en sus monturas. Joaquín solo conservó su cuchillo, pero era un utensilio más que común entre los mineros y gambusinos, así que nadie se extrañaba de que cargara con él.

Al terminar sus alimentos, los hermanos buscaron hospedaje en alguno de los hostales del pueblo. Por fin podrían descansar en colchones de lana, y si pagaban algo más, hasta podrían darse un baño; habían sido demasiadas zambullidas en el agua helada de los ríos.

Una vez instalados en la habitación, Carlos y Joaquín salieron a caminar. No era la primera vez que el hermano mayor había estado en Hangtown, ya que sus tierras estaban relativamente cerca, pero prefería evitar el pueblo porque, si bien la gente era pacífica, la mayoría era estadounidense y tenían muchos prejuicios sobre los mexicanos, a los que consideraban vagos y ladrones.

Además, por todos era sabido que no se necesitaba un gran pretexto para encender los ánimos y azuzar a aquella multitud que le había encontrado el gusto a hacer justicia por propia mano bajo la bandera de la defensa de su patrimonio, sus propiedades y sus bienes.

Sobra decir que no todos los cadáveres que colgaban de las gruesas ramas del roble eran delincuentes. Es cierto, muchos lo merecían porque habían sido aprehendidos en flagrancia; otros más habían sido señalados por sus víctimas y tuvieron que pagar con su vida, pero el linchamiento también estaba a la orden del día.

Los ciudadanos de Hangtown preferían cometer un error con algún parroquiano inocente a enterarse después de que era uno de los delincuentes más buscados y había asesinado a otro miembro de la comunidad. En todo caso, Dios los perdonaría y el ajusticiado, si en verdad era inocente, iría derechito al Cielo.

Carlos llevó a Joaquín a donde se encontraba el hermoso roble en el que tristemente la gente hacía justicia. Su sorpresa fue mayúscula: había visto muchos árboles enormes a lo largo del camino, pero ninguno como aquel, que algo tenía de siniestro. En algunas de sus ramas todavía colgaban pedazos de cuerda; era el árbol donde la muerte se solazaba.

Dos caballos

Cómo explicarles a sus padres la muerte de su hermano. Cómo decirles que su tumba se encontraba a miles de leguas de Hermosillo, en un lugar perdido entre valles y montañas, sin una lápida a donde llevarle flores.

Cómo explicarles que su hijo mayor había muerto como un delincuente. Cómo sosegar el llanto de su madre, la tristeza de la familia, la pesadumbre de su padre. Nada de lo vivido hasta entonces por Joaquín era parecido a lo que estaba sintiendo en ese momento. La muerte jamás lo había abrazado de esa forma.

Ni siquiera cuando participó en las campañas contra los indios bárbaros y los filibusteros la muerte estuvo tan cerca; o quizá la había despreciado porque la vida de los otros, de los desconocidos, no tenía ningún significado para él.

Dónde estaba Carmen ahora que necesitaba su consuelo, su calidez, sus brazos. Dónde estaba su amada esposa cuando se sentía desfallecer. Jamás se sintió tan solo como en esos momentos en los que su única compañía era el cuerpo inerte de su hermano.

* * *

Durante los primeros días en el pueblo, Carlos y Joaquín se dedicaron a buscar a Flores, a recabar información, a cabalgar hasta los placeres cercanos con la esperanza de encontrarlo. Luego de varias jornadas infructuosas, durante un ocaso nublado en que volvían hechos polvo y desanimados, Carlos y Joaquín pararon en la cantina para cerrar el día bajo el sopor que infunde un trago de whisky derecho.

El lugar comenzó a llenarse de hombres que regresaban tras un día más de arduo trabajo. Los hermanos conversaban con poco ánimo cuando se acercó un minero.

—Sé que me buscan. Soy Tomás Flores.

Sorprendidos, sonrientes, los Murrieta le ofrecieron asiento en su mesa y pidieron una ronda de tragos para los tres. Siguieron otras rondas y la noche cobró un ánimo inesperado; la luna se asomaba entre los densos nubarrones. Platicaron durante horas y Tomás le prometió a Carlos que testificaría en su favor, y dijo que no tenía objeción en ir hasta San Francisco para hablar con el gobernador o con las autoridades correspondientes y dejar en claro que esos gringos habían cometido fraude y despojo.

Carlos estaba muy animado, así que invitó una ronda más de alcohol. Joaquín, que ya traía sus copas encima, les anunció a él y a Tomás que se retiraría a descansar. Salió de la cantina haciendo algunas eses que develaban su embriaguez. Para su fortuna, el hostal estaba a un par de cuadras, así que en unos minutos estaba recostado en el colchón. Sin saberlo, aquella borrachera le salvó la vida.

Ninguno de los tres se percató de que en la cantina un par de gringos no les había quitado la mirada de encima. Tampoco era extraño, porque no había noche en que las copas no terminaran en golpes. Sin embargo, desde que llegaron a Hangtown, el par de gringos no dejó de seguir a Carlos y a Joaquín. Los tenían vigilados, sabían a dónde se movían, con quién hablaban y qué andaban averiguando.

Carlos y Tomás salieron de la cantina como buenos amigos, arropados por el calor de varias rondas de whisky. Flores encendió un cigarro y estaba por darle la segunda bocanada cuando escuchó gritos.

—¡Son ellos, son ellos, esos dos ladrones mexicanos nos robaron dos caballos y una mula en Sacramento! Son unos rufianes, vamos a castigarlos.

Era uno de los gringos que los habían estado espiando y que salió tras ellos. Comenzó a señalarlos y a gritar, aparentemente, hacia la noche.

Todo estaba planeado. Al escuchar los gritos, su cómplice, aún dentro de la cantina, gritó:

—¡Ladrones, ladrones, encontraron a unos ladrones fuera! Vamos por ellos.

Sonó una campana que hacían tocar cuando había alguna amenaza y la gente que se encontraba bebiendo salió a la calle, donde se les unieron otras personas que ya descansaban en sus cabañas.

La calle se iluminó con decenas de antorchas. Carlos y Tomás aún no comprendían lo que sucedía. El gambusino pensó que se referían a alguien más, hasta que un golpe en la cabeza lo derribó. Carlos ya se encontraba en el suelo; una patada en el estómago lo había doblegado y apenas podía respirar. Segundos después ya estaban atados de pies y manos.

—¡Son unos asesinos! —insistía el gringo que había seguido a Joaquín y Carlos, y que ahora acusaba a este—. En Sacramento mataron a una persona y luego nos quitaron nuestros caballos. ¡Justicia, queremos justicia! —exigía mientras su cómplice azuzaba a la gente.

El pueblo, cada vez más enardecido, ni siquiera se tomó la molestia de llevarlos a la cárcel y someterlos a juicio, no era la costumbre. Si eran mexicanos, eran culpables, no había más. La gente se convirtió en gran jurado y, ante la pregunta de «¿Qué hacemos con ellos?», la única respuesta conocida en ese pueblo fue «Vamos a colgarlos».

La multitud vociferaba, clamaba justicia, exigía la muerte, como si todos quisieran ser parte del macabro festín, porque la muchedumbre es valiente, pero seguramente ninguna de aquellas personas se hubiera atrevido a enfrentar a Carlos o a Tomás de manera individual. El oro y la ambición eran los nuevos dioses que exigían sacrificios, el robusto roble era el cadalso.

Desesperado, Tomás intentó hablar, explicarles quiénes eran, pero recibió un golpe tras otro sin poder pronunciar palabra. Carlos gritaba su inocencia,

—¡Somos hombres de bien, son nuestros caballos, pagamos por ellos! —Su voz se perdía entre los gritos desaforados de la turba. Nadie prestaba atención, la gente se encontraba ya en la vorágine del linchamiento.

Joaquín despertó sobresaltado. Por un instante pensó que estaba soñando, pero de inmediato se dio cuenta de que algo grave sucedía. Se escuchaban gritos, tiros al aire, injurias, insultos. Salió apresuradamente de su habitación y vio a la multitud con antorchas en mano, arrastrando a dos hombres hacia el roble. Temió lo peor.

A golpe de codazos avanzó lo más que pudo entre la muchedumbre y se sintió desfallecer cuando vio que los dos hombres eran Carlos y Tomás. No pudo acercarse más. Gritó desaforadamente que los liberaran, gritó que eran inocentes, gritó más allá de sus fuerzas..., pero la muerte lo ignoró.

Debajo del inmenso roble, dos hombres lanzaron las cuerdas por encima de una de sus ramas, la que mejor resistía el peso de los cadáveres. Anudaron los extremos en el cuello de cada uno de los prisioneros y jalaron con fuerza hasta que ambos cuerpos quedaron suspendidos.

Movían las piernas con desesperación, como un reflejo involuntario por la vida que se les escapaba. Al cabo de unos minutos dejaron de hacerlo, los cuerpos inertes ya solo se balanceaban como péndulos. La multitud aplaudió, la mayoría regresó a la cantina como cualquier otra noche y, conforme la gente se alejaba, el roble quedó en la oscuridad. Joaquín se arrodilló frente a Carlos, abatido, sumido en un llanto inconsolable apenas interrumpido por el crujido de la rama de donde colgaba muerto su hermano.

La tumba

Unas almas caritativas se acercaron a Joaquín una vez que la muchedumbre se había retirado del lugar. Lo encontraron llorando al pie del roble, inmóvil, sin saber qué hacer. Se jugaban la vida, porque no era costumbre que los cuerpos fueran retirados de inmediato. Los ajusticiados no merecían siquiera alguna muestra de piedad o respeto, su muerte era un castigo.

A los habitantes de Hangtown les gustaba dejar los cadáveres colgados durante algunos días como escarmiento; si nuevos forasteros llegaban al pueblo con malas intenciones, sabrían de inmediato qué podía esperarles. Además, les parecía entretenido ver cómo descendían los cuervos a picotear las cabezas de los colgados para arrancarles pedazos de piel.

Aquel grupo de personas que sintió compasión por Joaquín y se acercó a él detestaba la manera que tenía el pueblo de hacer justicia, pero eran tan pocos que nada podían hacer, más que resignarse. Durante la madrugada, cuando todos dormían, ayudaron a Joaquín a bajar los cuerpos. Se llevaron el cadáver de Tomás, porque lo conocían, y, aunque era un tipo solitario, siempre abrigaron buenos sentimientos hacia su persona. Prometieron darle una sepultura digna.

Antes de despedirse, ayudaron a llevar el cuerpo de Carlos hasta el cuarto donde se hospedaban los hermanos. Joaquín no estaba en sus cabales, era evidente que no pensaba con claridad, así que uno de ellos permaneció un rato más a su lado. Cuando lo vio más tranquilo, si es que podía llegar a estarlo, le recomendó que se marchara lo antes posible del pueblo y le dijo dónde hallarlo si necesitaba ayuda, luego se retiró apesadumbrado.

El resto de la noche fue un infierno para Joaquín. Increpó sin cesar a Dios, sentía un odio profundo por la gente, sufría el dolor de la impotencia, luego volvía al llanto y de nueva cuenta tomaba el cuerpo de Carlos entre sus brazos. No hay cadáver hermoso, pero cuando menos había logrado cerrarle los ojos, que al bajar del roble estaban desorbitados, la huella del ahorcado. Ahora parecía estar dormido.

En un momento de lucidez, Joaquín amortajó el cuerpo con la lona que les había servido para acampar y pensó en llevarlo de vuelta hasta la misión de Dolores para darle cristiana sepultura, pero se dio cuenta de que era un despropósito: habría llegado con un cadáver putrefacto porque entre Hangtown y la misión mediaban varias semanas de cabalgata.

Carlos estaba muerto. Todavía escuchaba su estruendosa risa de siempre, sentía el buen ánimo con el que habían charlado con Tomás unas horas antes. Había sido una gran velada, una noche jubilosa llena de esperanzas porque por fin Carlos podría recuperar sus tierras. Todo se lo había llevado el diablo. Ahora solo había dos víctimas de un atroz linchamiento y ningún futuro.

El amanecer encontró a Joaquín dormido junto al cuerpo amortajado de Carlos. Había sido doblegado por el dolor y el llanto, por los pensamientos más funestos, por la desesperanza. Los rayos de sol entraban a la habitación por una ventana, desde donde se alcanzaba a ver el cielo azul sin una nube. En otras circunstancias habría sido una mañana hermosa, pero en la habitación de aquel motel no había lugar para la belleza.

Por más que quisiera quedarse junto al cadáver de su hermano, Joaquín sabía que no podía seguir postrado; su vida también estaba en riesgo. Él debió morir con Carlos y no Tomás; su borrachera lo había salvado y al mismo tiempo significó la sentencia de muerte para Flores. No tuvo tiempo de sentirse culpable porque ninguno de los tres lo era. Esos miserables gringos se habían cebado con ellos y no dudaba de que lo estarían buscando.

Urgía salir del pueblo cuanto antes y llevarse el cuerpo de Carlos. Por fortuna para él, cuando llegaron a Hangtown y encontraron hospedaje, guardaron las armas y el dinero en la habitación, así que contaba con recursos para hacerse de otro caballo y comprar víveres suficientes para llegar hasta Sacramento. No estaba en sus planes intentar recuperar sus caballos; habría sido un suicidio, la forma más estúpida de morir.

Consiguió una buena montura y esperó a que cayera la noche para cargarla con el cadáver en la penumbra. Se aseguró de llevar su Colt y su rifle cargados —cuánto hubiera dado por descargarles la pistola a los asesinos de su hermano— y salió de aquel miserable pueblo a todo galope. La luna llena fue su cómplice y pudo alejarse lo suficiente como para ponerse fuera de peligro.

Se detuvo horas después, ya a varias leguas, para tomar un respiro y pasar la noche, pero sobre todo porque debía sepultar a su hermano. Esperaría hasta la mañana para hacerlo. No podía seguir galopando con el cadáver a cuestas, que empezaba a mostrar las primeras señales de descomposición. Como le había recomendado Carlos semanas atrás, encendió una fogata y se recostó junto a él. No concilió el sueño, no podía cerrar los ojos sin pensar una y otra vez en el momento en que colgaron a su hermano.

Cuando comenzó a clarear, Joaquín ya llevaba rato cavando la fosa; la hizo inusualmente profunda porque no quería que algún animal escarbara para devorarlo. La cabeza le daba vueltas como una noria. Pensaba en tantas cosas sin sentido, como esa precaución excesiva con los depredadores o la angustia que lo invadía al imaginar que Carlos se quedaría solo, sepultado en medio del bosque, sin una lápida, sin un epitafio o una inscripción, sin compañía. Tampoco recibiría la bendición de algún cura. «Qué mal la va a pasar mi hermano», pensó. Y los ojos se le nublaban de nuevo.

Al terminar de cavar, Joaquín lucía exhausto. Estaba tan abatido que por un momento pensó que no le alcanzarían las fuerzas para llegar hasta Sacramento y mucho menos hasta la misión de Dolores. Su tristeza era inmensa, ni siquiera la promesa de reencontrarse con Carmen le devolvía el ánimo.

La amaba, la extrañaba, añoraba su cuerpo y su cariño, no tenía dudas respecto de lo que sentía su corazón y la necesitaba, pero en esos momentos no había lugar para ella; le resultaba desgarrador desprenderse de su hermano. Si lograba regresar con bien, seguramente sentiría de nuevo ese amor tan grande por su mujer y encontraría consuelo y sosiego entre sus brazos.

El sol del mediodía caía a plomo. Tomó un poco de agua y luego un largo trago de whisky. Vertió un poco junto al cadáver de Carlos para brindar con él.

—Cuánta falta me harás, cabrón. ¡Salud! —dijo con tristeza y enojo—. Te voy a extrañar. Nunca imaginé que te llegaría la hora tan pronto. No estaba preparado para despedirte, nadie lo está para ver morir a los seres amados.

Joaquín le dio otro gran trago a la botella de whisky, se incorporó y tomó entre sus brazos el cadáver de Carlos. No había forma sutil de depositar el cuerpo en la fosa, así que no le quedó más remedio que arrojarlo a lo profundo. Empinó la botella y un chorro de licor cayó sobre el cuerpo de su hermano. Luego comenzó a cubrirlo con palas de tierra. Cuando terminó, arrojó la herramienta, brindó una última vez por él y expresó: «Adiós hermanito. Nunca te olvidaré». Montó en su caballo y comenzó a cabalgar hasta perderse en el atardecer.

Por las razones correctas

Dicen que nombre es destino y cabalgar a la misión de Dolores resultó casi profético. El dolor acompañó a Joaquín todo el camino de regreso. Llegó hecho una piltrafa, un guiñapo; cabalgó durante días y noches sin dormir, sin probar alimento, estuvo a nada de reventar su caballo, como si estuviera buscando su propio fin. Si acaso detuvo la marcha fue solo para darle un respiro a su montura y en Sacramento volvió a cambiarla para seguir sin parar.

Joaquín estaba irreconocible. Quienes lo vieron llegar a la misión pensaron que era un vago y no pocos creyeron que se había robado el caballo que montaba. El pelo largo, la barba y el bigote desaliñados, sucios y con costras de tierra, impedían ver su rostro; el rastro de ampollas en su frente, los pómulos y los brazos daban testimonio de que había cabalgado bajo el sol días enteros. El olor que despedía era fétido, una mezcla nauseabunda entre sudor, alcohol y orines.

Pudo haber pasado como un demente, un loco refugiado en sí mismo porque hablaba solo, con la mirada perdida; eran breves los momentos en que volvía en sí. Una vez en la misión, detuvo el caballo en medio de la plaza, miró para todos lados y cayó al suelo desvanecido. Las personas que atestiguaron la triste escena corrieron a asistirlo y lo llevaron al convento para que los misioneros le prestaran auxilio.

Pese a su estado tan lamentable, uno de los lugareños reconoció a Joaquín y de inmediato buscaron a Manuel Sepúlveda, el amigo de Carlos que le había dado alojamiento a Carmen meses antes. No quiso alarmarla sino hasta cerciorarse de que verdaderamente aquel extraño fuereño que había llegado era Joaquín. Los frailes le permitieron verlo y ya no hubo duda, ese hombre postrado en una de las celdas de la misión y que parecía agonizar era Joaquín Murrieta.

Carmen estuvo al lado de su marido las siguientes semanas, lo cuidó día y noche; había llegado muy enfermo, las fiebres lo poseían y lo hacían delirar. Nadie abrigaba esperanzas de que pudiera recuperarse. Había perdido peso, le suministraban líquidos porque estaba seminconsciente y le era imposible tragar bocado alguno; además, el vómito y la diarrea hacían de las suyas.

Joaquín era una sombra del muchacho fuerte, rozagante y risueño de otras épocas. Lo mantuvieron aislado, junto con Carmen, porque los frailes pensaron que se trataba de cólera morbus y podía desatarse una epidemia como la que marcó el año de 1850.

El lastimoso estado en que halló a su esposo fue la única prueba que Carmen necesitó para entender que Carlos había muerto. De otro modo era incomprensible que Joaquín hubiera llegado en esas condiciones tan deplorables. Sabía que su enfermedad era una consecuencia, no la causa de su desazón.

Su corazón le advertía de la muerte de su cuñado, la intuía, pero deseaba escucharlo de voz de Joaquín. Carmen tenía tantas dudas y tantos temores que por momentos se entregaba al llanto. Necesitaba desahogo y rezaba y le pedía a Dios por la salud de su esposo. Cualquiera que hubiera sido la tragedia, si la Providencia les daba oportunidad, podrían superarla juntos. Al menos eso creía.

Luego de 21 días con sus noches, en los que incluso el cura le suministró a Joaquín los santos óleos, una mañana despertó. Era como si hubiera vuelto de la muerte. Le costó conciliar la vista y la tenue luz de la celda donde se encontraba en reposo, y lo primero que vio fueron aquellos ojos oscuros que alguna vez iluminaron su corazón: era Carmen, su mujer, su amor, su vida. Tomó su mano, la acercó a su mejilla, cerró los ojos y comenzó a llorar amargamente.

En ese primer reencuentro medió el silencio. Joaquín apenas tenía fuerzas y comenzaba a probar alimentos sin rechazarlos. No quiso hablar, no quería hacerlo, se complacía tan solo con sentir las cálidas manos de Carmen entre la suyas y mirarla como si su hermoso rostro fuera la pócima que lo ayudaría a desaparecer el infierno que cargaba en el alma, los demonios que se divertían en su mente y en su memoria. Ese rostro angelical era el que oponía al de la muerte.

Fueron días de silencios y ausencias. Carmen había recuperado la salud de su marido, pero al mismo tiempo sabía que lo había perdido. Joaquín siguió ensimismado, hablaba poco y, si bien besaba las manos de su esposa, le decía palabras de amor al oído de vez en vez y la miraba a los ojos con ternura, era un hecho que algo estaba roto en su alma y era irreparable.

Joaquín comenzó a ganar peso, ya podía incorporarse para comer, podía dar un paseo en la huerta del convento, siempre tomado del brazo de Carmen. Los rayos de sol le caían como una bendición y el aire puro entre los árboles frutales parecía ayudar a que su ánimo mejorara, pero de un momento a otro se ensombrecía y volvía el mutismo.

Así pasaron los días. Por más que deseara saber lo ocurrido, Carmen fue prudente hasta el exceso y durante semanas demostró la virtud de la paciencia. No quiso incomodarlo con preguntas si no estaba listo para responderlas. Hasta que finalmente se cansó. Estaba convencida de que no podían seguir en esa extraña realidad donde todo era mentira, en esa realidad donde nada había pasado y en la que Joaquín se había evadido.

Carmen no quiso preguntarle por la suerte de Carlos, que para entonces ya poco importaba. Había pasado suficiente tiempo como para que hubiera regresado tras Joaquín, así que todos en la misión daban por hecho que estaba muerto, pero era necesario confrontarlo con la realidad. El futuro de ambos no se encontraba en la huerta de un convento en una misión franciscana.

El menor de los Murrieta se había convertido en un hombre de monosílabos, asentía o negaba con la cabeza. Usaba las palabras para las cosas mínimas, sin importancia, no hablaba con nadie. En una de sus caminatas por la huerta, Carmen le dijo con plena convicción:

—Quiero que regresemos a Sonora lo antes posible. Ya nada tenemos que hacer en California. Si tú no quieres seguir adelante, permanece aquí. Alcánzame en Hermosillo cuando tu corazón te lo pida.

Fueron las palabras precisas para hacer que Joaquín reaccionara, para despertarlo de su letargo, y a partir de ese momento comenzó a contarle lo que había sucedido en Hangtown. Le faltaban horas a los días para referir con detalle lo que había sufrido.

Fue dolorosamente minucioso en sus charlas y en ocasiones la pareja terminaba llorando sin consuelo.

No obstante, Carmen notó que cada conversación, de algún modo u otro, siempre terminaba en el mismo punto: había desarrollado un odio irracional por los gringos. Hablaba de ellos con desprecio, con ira, incluso de sus conocidos que siempre se habían mostrado generosos. Hasta de quienes lo ayudaron con el cadáver de Carlos llegó a referirse con insultos. «Todos los gringos son iguales. Son despiadados y tarde o temprano lo demostrarán», repetía una y otra vez.

Joaquín le rompió el corazón a Carmen. Cuando le pidió que no regresaran a Hermosillo, sino que permanecieran juntos en San Francisco, no lo hizo por amor o porque le resultara insoportable estar lejos de ella; tampoco porque pensara que, a pesar de todas las calamidades, podrían construir juntos un futuro en California y formar una familia y ser felices. Carmen se percató de que Joaquín estaba decidido a establecerse en California porque en su mente se había implantado solo una idea: la venganza.

Ya no era el hombre del que se había enamorado. Su corazón se había endurecido, se volvió desconfiado, colérico. Cargaba con su Colt en todo momento, afilaba su cuchillo por las mañanas, incluso en el convento, como si solo estuviera a la espera de una oportunidad para ir tras los asesinos de su hermano.

Carmen nunca le había suplicado a Joaquín. Fiel a su compromiso, lo siguió sin chistar en sus andanzas por Sonora y California. Su esposo no podía reprocharle nada. Pero en esa ocasión decidió suplicarle, rogarle que desistiera de sus pensamientos sanguinarios. Y finalmente le habló con franqueza.

—Amor mío, no necesito vivir lo que padeciste para poder comprender el inmenso dolor que te ahoga. Lo siento como propio porque lo siento a través de tu infinita tristeza, porque te escucho llorar por las noches, porque seco tu sudor cuando despiertas de una pesadilla gritando, pero tienes que dejar ir a tu hermano. Resguárdalo en tu memoria, ahí vivirá para siempre; no te permitas olvidar, pero deja que descanse en paz para que tú puedas vivir en paz.

Él miraba con atención a Carmen, pero las palabras de ella parecían quedarse flotando en el aire frente a un insondable e impenetrable Joaquín.

—Sabes bien que te seguiré hasta el fin del mundo, y si quieres permanecer en San Francisco, estaré contigo, pero te suplico, te ruego, te imploro por la memoria de tu hermano que lo hagas por las razones correctas, por nuestro amor, por nuestro porvenir, por nosotros, por nuestra futura familia, porque a pesar de todo estoy convencida de que sí hay lugar para la felicidad en un mundo tan ruin como en el que vivimos. No lo hagas porque estás esperando darle una oportunidad a la venganza.

Mientras la escuchaba, Joaquín pasaba la mano por la empuñadura de su cuchillo, que nunca antes había estado tan afilado.

—La muerte de los asesinos de Carlos a manos tuyas no le devolverá la vida a tu hermano —insistió ella—. Tu corazón no se llenará de alegría ni encontrarás la paz; al contrario, se endurecerá más. No hay finales felices en la venganza. Tú eres mi vida, Joaquín, arráncate esos malos pensamientos. La justicia divina es implacable y se encargará de esos criminales; sus almas pagarán por lo que hicieron. No te dejes arrastrar por la venganza, no te conviertas en instrumento de la muerte. Te suplico que desistas. No destruyas, construyamos juntos. Quedémonos en San Francisco, busca oro, junta una buena cantidad de dólares y, si después de todo eso quieres permanecer aquí, lo hacemos, y si quieres volver a Sonora, empacamos todo y regresamos, allá siempre estará nuestro corazón.

Luego de escuchar con atención a Carmen, conmovido por sus palabras, Joaquín reaccionó: finalmente le prometió dedicarse solo a ella y a su futuro. No la pondría en riesgo de ningún modo, porque había jurado cuidarla y procurarla, pero sobre todo porque la amaba. Si era honesto o no, solo el tiempo lo diría. Unos días después partieron rumbo a San Francisco en la carreta que Carlos y él habían comprado cuando comenzaron la triste aventura que los llevó hasta Hangtown. Llevarían en el corazón y en la memoria el recuerdo de Carlos.

7

Dios está muerto

Carmen no merecía un destino así. La Providencia se ensañó. ¿Los inescrutables designios del Señor? Al diablo con ellos. Cualquier persona se hubiera rebelado contra Dios, cualquiera lo habría detestado. «Todo sucede por una razón», dijeron algunos para tratar de encontrar algo de consuelo, pero era una afirmación complaciente, vacía y conformista. Carmen no merecía un destino así.

¿Por qué la saña? ¿Por qué la violencia? ¿Por qué la vejación? Si alguien merecía una vida apacible, era ella, y Dios la abandonó, le dio la espalda, la olvidó, era prescindible. «Dios está muerto para mí», repetía sin cesar.

¿Por qué la vida se empecinaba en poner a prueba a Joaquín Murrieta? ¿Por qué tenía que hacerlo por medio del dolor de los seres a quienes más amaba? Ni en los rezos, ni en los sermones ni en las oraciones encontraría consuelo alguno, pero tampoco lo buscó.

Carmen estaba muerta. Sus ojos oscuros perdieron su brillo, se apagaron para siempre; no volvería a sonreír con esa candidez que enamoró a Joaquín ni volvería a sentir sus manos tibias. Su cuerpo, ahora rígido, había sido tocado por el frío de la muerte. No era el frío que se quita junto al fuego de una chimenea o al cubrirse con unas pieles, o acercándose a un resquicio por donde se colaba el sol. Era un frío crudo, eterno, lacerante; la frialdad de un cuerpo sin vida.

Carmen estaba muerta. Joaquín ni siquiera pudo despedirse, no hubo tiempo. Y como Dios estaba en su contra, lo obligó a mirar cómo se le escapaba la vida del mismo modo en que presenció la muerte de su hermano. «¿Por qué la saña, Dios mío?», se preguntaba Murrieta, para luego maldecirlo una y mil veces. «Juro que lo intenté. Busqué hacer feliz a Carmen, intenté cuidarla y protegerla», se repetía Joaquín lleno de ira.

Y no faltaba a la verdad. Luego de su larga convalecencia, la pareja había dejado la misión de Dolores para regresar a San Francisco, donde permanecieron algunas semanas mientras Joaquín buscaba alguna oportunidad que los beneficiara. La buena suerte les sonrió entonces, fugazmente, cuando él se enteró de que habían encontrado oro cerca del río Stanislaus, en los límites de Mother Lode, en un punto equidistante entre San Francisco y Hangtown a donde todavía no llegaban los gringos a imponer su ley.

Aún no se corría la voz y, como eran tierras inexploradas, Joaquín decidió probar fortuna. Solicitó un pedazo de tierra que le fue otorgado, cargó la carreta con todo lo necesario y viajó junto a Carmen hacia una nueva aventura.

El lugar era un paraíso, un valle rodeado por una extensa arboleda que flanqueaba el río donde se había encontrado oro. Joaquín montó una tienda provisional y comenzó a construir una cabaña con los materiales que llevaba y con la madera del bosque. Al paso de los días se convirtió en todo un gambusino y comenzó a extraer polvo de oro del río Stanislaus.

Carmen sabía que su esposo debía hacerse de recursos y la única forma era ofreciendo el oro que reunía, así que cada semana partía a un pueblo cercano para venderlo. Ella siempre creyó que su marido cabalgaba rumbo a San Francisco, pero Joaquín tomaba otro camino: regresó varias veces a Hangtown con un doble propósito, ofrecer el polvo de oro al mejor postor —con lo que se hacía de provisiones, carne seca, whisky, café, algunas pieles— e indagar quiénes habían sido los asesinos de su hermano, porque al fin y al cabo debían seguir en la región. Su deseo de venganza no había menguado y estaba obsesionado con saber santo y seña de los gringos que ultimaron a Carlos.

Joaquín salía muy temprano rumbo a Hangtown y regresaba ya bien entrada la noche, entusiasmado por la venta y porque en su cabeza las cosas marchaban como lo tenía pensado. Volvía de buen ánimo, cenaba con Carmen y dormía plácidamente junto a ella, pero antes de conciliar el sueño, en lugar de orar, pensaba en la venganza.

Los días se hicieron semanas y luego meses, el tiempo terminó por enfriar su enardecido ímpetu, aunque Joaquín no volvió a ser el mismo. Algo de tristeza se arraigó en su carácter y solo Carmen tenía la virtud de regalarle momentos de alegría y hacerlo reír. La prosperidad llamaba a su puerta y la vida transcurría con la calma de otros tiempos.

«Nos traicionaste, Dios, dejaste de escucharnos», repetía Joaquín mientras se emborrachaba. Cambió el crucifijo por la pistola y la oración por el cuchillo. Ya no lloraba, desterró la tristeza de su ser y dejó que brotara el odio más puro, la convicción de provocar sufrimiento, el deseo de acabar con otras vidas.

Ya no tenía nada que lo atara a la bondad ni al amor. Cortó las amarras de la esperanza. El destino lo había llevado hasta las puertas del infierno y estaba dispuesto a cruzarlas aunque no hubiera posibilidad de retorno. «Ojo por ojo, diente por diente, vida por vida», murmuraba.

Quizá debieron regresar a Sonora cuando Carmen se lo pidió; era lo más sensato porque, más allá de los problemas y los peligros de la región, al fin y al cabo era territorio mexicano, con gente buena y mala como en todos lados, pero al final mexicanos, y los problemas que podían surgir no tenían que ver con la raza.

Más temprano que tarde, el oro hallado en el río Stanislaus volvió a liberar a los demonios. Luego de algún tiempo en el que

Joaquín y Carmen vivieron sin sobresaltos, una mañana llegó un grupo de gringos armados y, sin dar razones, sin mediar palabra, los obligaron a salir de la cabaña.

—Lárguense ahora mismo, estas tierras son nuestras, regresen a su país. Aquí no queremos mexicanos ladrones, raza miserable, holgazanes de mierda —escupió uno de los hombres.

Joaquín intentó alcanzar su revólver, que había dejado sobre la mesa, pero no fue lo suficientemente rápido y antes de tomarlo fue derribado de un golpe en la cabeza que lo dejó casi inconsciente. Pagó caro su desafío. Los gringos lo amarraron, lo sacaron de la cabaña, lo ataron a un árbol y comenzaron a golpearlo con saña.

Carmen gritaba suplicando por la vida de Joaquín, que sangraba profusamente del rostro; le pegaban con los puños, con las cachas de sus pistolas, uno prefirió darle de patadas. Todavía consciente, Joaquín tuvo fuerza para escupirle su sangre a uno de ellos y gritarle «*Fuck you!*».

Como si se les hubiera metido el diablo, tomaron a Carmen de los brazos, la arrastraron hasta el árbol donde habían amarrado a su marido y le propinaron un golpe que la dejó tendida en el suelo, luego le arrancaron el vestido y la violaron uno a uno, sin prisa, ante los ojos de Joaquín, que aullaba lleno de rabia.

Cuando terminaron de saciar su bestialidad, uno de ellos sacó su cuchillo, se acercó a Joaquín y le cortó la mejilla derecha.

—Ahora, mexicano, mira lo que le va a pasar a tu mujercita. —Regresó a donde estaba Carmen tendida y se lo clavó en el vientre una y otra vez hasta matarla.

Los gringos saquearon la cabaña, se apropiaron de todo el polvo de oro que encontraron, se llevaron sus pertenencias y prendieron fuego al hogar de Joaquín Murrieta. El cuerpo sin vida de Carmen quedó desnudo frente a él.

Ayudado por unos colonos mexicanos que tenían su campamento cerca —también amenazados por los mismos gringos—, Joaquín pudo llevar el cuerpo sin vida de Carmen hasta San Francisco; todavía tenía algunos dólares, suficientes para sepultarla en un cementerio católico, donde los mexicanos solían sepultar a sus muertos desde tiempos de la Colonia. Mandó hacer una lápida con su nombre y un epitafio que decía: «Lo que no te dio la vida, lo encontrarás en la Gloria».

Luego del entierro, Joaquín se perdió en el alcohol por varios días. Ya no hubo más lágrimas ni lamentos, ya no pensó en lo que pudo ser, sino en lo que sería. Se despidió de los fantasmas de Carlos y de Carmen, los dejó descansar en paz, porque los asuntos que le competían estaban en la Tierra y ahora, en absoluta libertad, sin nada que lo encadenara al deber ser, enarboló la venganza como su motivo para vivir. En un momento de lucidez volteó hacia el cielo y gritó:

—¡Voy a sacarles los ojos! ¡Los quiero en mis manos para degollarlos! Quiero ver sus ojos cuando se les vaya la vida. Quemaré sus cuerpos, no quedará rastro de ellos en toda la faz de la Tierra. Mataré a sus animales, prenderé fuego a sus hogares. Nadie volverá a pronunciar sus nombres. ¡Venganza, Dios mío! ¡Venganza! Dame la oportunidad de vengar a Carmen. Solo te pido una oportunidad, te lo suplico, una sola. Pon tu justicia en mis manos y déjame acabar con esos asesinos. A cambio, te ofrezco mi vida.

Joaquín estaba fuera de sí. El dolor en su corazón rebasaba todo límite imaginable. De un momento a otro, la vida le había cedido el paso a la muerte sin aviso alguno. No alcanzaba a comprender por qué Dios había permitido semejante atrocidad, pero ya tampoco tenía las fuerzas para intentar explicárselo.

«Maldigo estas tierras, maldigo a su gente. Malditos los gringos y sus familias, que caigan sobre ellos todas las desgracias y calamidades, que los consuman las enfermedades, que se asesinen entre ellos, que se exterminen entre sí, que sean detestados hasta el final de los tiempos. No hay un lugar en la Tierra donde puedan esconderse los asesinos; los buscaré uno por uno, así me lleve el resto de la vida. No habrá misericordia para ellos, no habrá perdón, solo dolor y sufrimiento. Lo que siente mi corazón, lo sentirán sus cuerpos», se juró Murrieta.

El cuchillo

Las antorchas iluminaban el campamento minero cercano a Hangtown. Los hombres se resguardaron bajo las tiendas una vez que cayó la noche. Eran apenas unas lonas improvisadas que protegían lo suficiente como para dormir con la ropa seca.

Así se vivía en los campamentos itinerantes. La gente contaba con lo mínimo necesario para establecerse durante varias semanas en tanto buscaban nuevos yacimientos de oro o agotaban las posibilidades de encontrar pepitas en el río más próximo.

Joaquín Murrieta llevaba varios días al acecho, escondido entre los árboles, camuflado por la vegetación, sin perder un solo detalle de lo que ocurría en el campamento. Vigilaba el movimiento de los mineros, estudiaba su rutina diaria, los lugares donde trabajaban, los horarios en que comían y regresaban a descansar.

Todos eran gringos, de los que hacían sentir su odio hacia los mexicanos y defendían el derecho de conquista que asumieron desde la guerra de 1846 contra México. Hablaban solo inglés y bebían whisky hasta quedarse dormidos, como si el alcohol les ayudara a descansar luego de las arduas jornadas de trabajo que comenzaban al alba.

Muchos no tenían oficio ni beneficio, estaban ahí para ganarse algunos dólares, pero lo mismo podían terminar muertos la semana siguiente a las puertas de una cantina o en campo abierto después de un pleito donde mediara, como siempre, el aguardiente. Cuando la suerte en forma de oro no llegaba, no tenían problemas con robar, asesinar o despojar. No eran pocos los que tenían cuentas pendientes con la ley, pero la ley todavía estaba lejos de echar raíces en California, el flamante nuevo estado de la Unión Americana. Además, la ley siempre favorecía a los norteamericanos.

Después de un par de años en tierras californianas, Joaquín comprendía mejor el inglés, pero nunca lo habló con fluidez; tenía en su vocabulario las palabras suficientes para darse a entender, pero nada más, y lo cierto es que poco le importaba; no estaba ahí para hacer amigos, ni para trabajar ni para ofrecerles nada a los gringos.

Nunca intentó entender su comportamiento, que no tenía que ver con su origen ni con su país. Si la maldad había roto sus cadenas en California, no se debía a una bandera, sino a la más pura y miserable ambición, a la locura que carga consigo el oro, a la enfermiza obsesión por la riqueza material, por las posesiones, por las tierras.

Y sabía que esa locura y la ambición no eran exclusivas de los norteamericanos; la había visto también en los ojos de los mexicanos y en los pocos alemanes y franceses, aventureros todos, que cruzaron mares y montañas para llegar al nuevo El Dorado. Todos querían bajar hasta las profundidades del infierno con la esperanza de poder salir de ahí con bolsas repletas de oro.

A Joaquín no le importaban las riquezas. Lo movía una sola cosa: la venganza, y llevaba meses siguiendo los pasos de un minero en particular al que por fin pudo identificar en ese campamento al pie de la Sierra Nevada. Era uno de los asesinos de su hermano Carlos, uno de los delincuentes que lo acusó de haberse robado un par de caballos.

El gringo no hubiera podido identificar a Joaquín, pero, aun así, Murrieta debía actuar con sigilo, sin precipitarse; cualquier duda, un error, un mal cálculo podía ser fatal. Sabía que, si caía en manos estadounidenses, su cuerpo terminaría como alimento de los osos que merodeaban por aquella zona de California o en el árbol de los colgados, el siniestro roble de Hangtown.

Gracias a que se había hecho de un viejo catalejo, desde días atrás Murrieta tenía plenamente ubicado al gringo que buscaba. Desde ese momento no tuvo dudas y no volvió a quitarle el ojo de encima. Una tarde después de la jornada, lo siguió hasta el campamento desde los placeres del río donde trabajaba.

Aguardó con paciencia a que el gringo cenara y se tomara unos tragos, como era su costumbre. Sabía que luego saldría de la carpa a buscar un paraje donde cagar, porque el campamento no contaba con letrinas. La rutina no fallaba, aquel gringo parecía un perro que luego de comer buscaba defecar de inmediato.

Joaquín tuvo la decencia de esperar a que terminara y, mientras el gringo se fajaba la camisola y abotonaba su pantalón, se lanzó a sus espaldas y le cortó el cuello con su cuchillo, pero procuró no hacerle un tajo profundo porque deseaba que muriera con lentitud. Mientras se ahogaba con su sangre, el gringo no pudo hacer nada más que apretar su cuello y abrir los ojos llenos de terror; la vida se le derramaba sin remedio.

Joaquín lo tomó de la camisa y lo arrastró hasta la antorcha más cercana. Acercó el fuego para alumbrar su propio rostro, quería ser la última imagen que el gringo mirara en su perra vida.

—*Look at me, I am Joaquín Murrieta*, ¿lo oyes? Y Joaquín Murrieta te quita la vida.

Y luego de escupirle en el rostro, sacó de nuevo su cuchillo, lo hundió en el vientre del gringo y lo cruzó lentamente de derecha a izquierda, dejando un tajo por donde salieron sus entrañas.

Ni siquiera pudo gritar, el corte en el cuello se lo impidió. Joaquín limpió su cuchillo en la camisola del gringo, lo guardó en su cinturón y se perdió entre las sombras. La sangre se mezcló con la tierra y se hizo un charco. No tardarían en llegar los depredadores.

A la mañana siguiente, cuando clareaba el día, los otros mineros encontraron los restos de su compañero esparcidos por todo el campamento. Pensaron que había sido una manada de lobos, pero tampoco pareció importarles mucho. Nadie lo lamentó y solo corrieron la orden de colocar más antorchas por la noche. La vida y la muerte no tenían sentido en esos días. Uno más, uno menos, no había diferencia.

A varias leguas de ahí, lejos del campamento minero y a buen resguardo, Murrieta afilaba la hoja de su cuchillo junto a una fogata donde preparaba café. No pudo ocultar sus lágrimas. Pensó en Carmen y recordó a Carlos. El mundo que conoció había dejado de existir. Había comenzado su venganza.

8

La bestia

El monte Diablo

Hizo correr la sangre sin remordimientos. Se sirvió casi siempre de su cuchillo, con el que aprendió a despellejar en minutos, y pocas veces utilizó la pistola para no llamar la atención, a menos que se hubiera encontrado en solitario con uno de los asesinos de su mujer.

Siempre les llevó ventaja y rara vez alcanzaban a verlo antes del ataque. Se traba de un montón de gringos envalentonados por actuar en grupo y que en una turba eran capaces de cometer las peores atrocidades, sobre todo si se encontraban embrutecidos por el alcohol, pero separados eran cobardes. Uno por uno, el destino le permitió escucharlos suplicar, rogar y llorar como niños indefensos antes de arrebatarles la vida.

Joaquín Murrieta se tomó su tiempo. Aprendió a rastrear con agudeza, memorizó los caminos que unían las poblaciones de Mother Lode, identificó las rutas de escape, las zonas mineras, las regiones despobladas. En San Francisco se ganó la confianza de algunos indios ya integrados a la vida del puerto que prestaban sus servicios como rastreadores y quienes le enseñaron a manejar con precisión el cuchillo para matar, cortar cabelleras y desollar cuerpos.

Con el tiempo, el vengador mexicano aprendió a calcular, a mantener fría la cabeza y planear minuciosamente cada uno de sus movimientos. Sabía que su obsesión podía costarle la vida, pero ya no tenía nada que perder.

Hangtown apareció una vez más en su destino. El azar o una corazonada lo llevaron de vuelta al macabro pueblo. Pensó, con razón, que ahí podría encontrar el rastro de los asesinos de Carmen, como encontró el de los victimarios de su hermano.

Ese lugar era como la mierda que atrae a las moscas; el bien y el mal se disputaban sus calles. Se comerciaba oro, se podía jugar, beber y conseguir mujeres o hacer una vida familiar con todas las de la ley y sin problemas; claro, siempre y cuando no fueras mexicano.

El rostro de los asesinos quedó en su memoria. Jamás olvidaría sus caras, las muecas, las dentaduras podridas que enseñaban mientras reían al golpearlo, las miradas lascivas o las carcajadas perversas que lanzaban mientras abusaban de Carmen. Quizá podría recordar algún nombre de los que mencionaron en su sangrienta bacanal, pero no era necesario. Si la vida le daba la oportunidad de tenerlos cara a cara, los reconocería.

Pero no marchó a Hangtown para ver si la fortuna se compadecía de él y se presentaba en la cantina o alguna calle. Esta vez tenía un plan preciso que podía ser exitoso. En San Francisco, Joaquín conoció los secretos, las chicanas y las trampas del monte, un juego de cartas muy popular entre los mineros que le proporcionaba pingües ganancias a la casa, pero en el cual era muy fácil hacer trampa. Esa sería su carnada.

El Monte era una herencia del México novohispano, el juego de naipes preferido de los españoles que arraigó en sus dominios en América desde mediados del siglo XVI. Durante la fiebre del oro, los mineros le encontraron el gusto y se lo apropiaron, fue el juego tradicional del lejano oeste, el que provocó duelos, el que dejó muertos, el que definió a los vaqueros por décadas.

Nadie sabía a ciencia cierta por qué se llamaba así, los californios de más arraigo decían que el juego había nacido durante los días de caza, cuando los hombres tomaban un descanso y sacaban los naipes en el monte. Otras voces señalaban que era semejante a un monte de piedad, porque podía darles dinero inmediato a los participantes, aunque, a diferencia de los montepíos, también les podía quitar todo a los jugadores. A los gringos no les quitaba el sueño el nombre, daba igual que le llamaran así por el monte de cartas que se formaba conforme avanzaba la partida o por cualquier otra razón.

A Joaquín no le era desconocido el juego; era uno de los pasatiempos en la casa paterna, pero en la familia Murrieta nunca se jugaba por dinero, por aquello del pecado de la avaricia. Nunca imaginó que se convertiría en todo un tahúr.

Una vez que llegó al pueblo, Joaquín solicitó permiso para montar una carpa en la que pudiera jugarse monte. En la entrada puso un letrero que decía: «Yo me divierto jugando, gane que pierda es lo mesmo. Si gano, gano el dinero, si no, lo que me divierto». Abría su improvisado local al caer la tarde y cerraba en las primeras horas de la madrugada. Como una actividad distinta frente a la monotonía de Hangtown, el monte fue la novedad por algunas semanas y la carpa estuvo llena desde el primer día. Solo era cuestión de tiempo para que los asesinos se acercaran para tratar de hacerse de algunos dólares jugando a cartas.

En tanto ponía a prueba su paciencia, Joaquín aprovechó para buscar a las personas que lo abrigaron la noche en que asesinaron a su hermano. Eran estadounidenses, pero gente buena, dispuesta a brindar socorro y sin prejuicios hacia los mexicanos. Se reencontró con ellos y lo recibieron como si fuera un viejo conocido. «Cuánta razón tenía Carmen cuando insistía en que no todos los norteamericanos eran despreciables, que había gente de bien y generosa», pensó.

Durante sus días en Hangtown, Joaquín contó con la compañía y amistad de tres gringos en particular. Bill Burns era un hombre bonachón que veía una oportunidad de hacer negocios en cada pueblo que visitaba y lo suficientemente inteligente como para no arriesgar su vida buscando oro, sino hacer que mineros y gambusinos lo gastaran en cualquier servicio que él pudiera ofrecerles. Joaquín aprovechó su entusiasmo y lo invitó a ser su socio en la carpa de juego. Al cabo de unos días, le contó las verdaderas razones de su estancia en el pueblo y le confió sus planes. Burns no puso ningún reparo, conocía la clase de tipejos tras los que iba Joaquín y pensaba que era hacerle un favor a la comunidad acabar con ellos.

Beverly Richford Holliday era maestro de escuela y enseñaba a los niños en distintas zonas de Mother Lode. Se había ganado el respeto de la gente por su noble oficio, pero sobre todo porque no criticaba la ambición de nadie y guardaba buena relación tanto con estadounidenses como mexicanos. Era un hombre austero que confiaba en el poder del conocimiento. Simpatizó con Joaquín por su desenfado y porque, a pesar de que el destino se había ensañado con él, aún mostraba algo de ese carácter amable que lo había caracterizado antes de las tragedias.

Holliday llegó a pensar que Joaquín podría ayudarle con las clases de español e incluso estaba dispuesto a pagarle, pero el ofrecimiento no se concretó porque ni los padres de los niños ni el Condado tenían recursos para cubrir el salario de 75 dólares mensuales de Holliday.

Una tarde, Joaquín se encontró al maestro cabizbajo; se notaba apesadumbrado, casi desesperado.

—¿Te pasa algo, Holliday? ¿Te puedo ayudar? —preguntó el sonorense.

—¡Ay, Joaquín, se me viene el mundo encima! —respondió el maestro lleno de angustia—. Acabo de recibir una comunicación de Sacramento en la que las autoridades me informan que no tienen recursos para pagar mi salario. Es lo único con lo que cuento para vivir. No sé qué me espera; toda mi vida la he dedicado a enseñar.

Joaquín lo escuchaba conmovido. Le resultaba inexplicable que Holliday deambulara en esa zona, jugándose la vida, preocupado por educar a los niños. Era un buen tipo y merecía un destino diferente. Murrieta no olvidaba lo que Holliday había hecho por él la noche en que colgaron a su hermano, había permanecido a su lado durante las horas más difíciles.

—Tendré que regresar a Sacramento —continuó el maestro— o viajar hasta San Francisco para buscar algún empleo. Qué tristeza.

Joaquín ni siquiera titubeó. De su mochila sacó una bolsa llena de polvo de oro y se la entregó.

—Acepta esto, amigo mío, te servirá algunos meses, en tanto encuentras acomodo en otra región. Si no encuentras nada, marcha a la misión de Dolores y ahí pregunta por Manuel Sepúlveda, cuéntale que conociste a los Murrieta, seguramente él te ayudará.

—Pero, Joaquín, no puedo aceptarlo, es demasiado; no sabría cómo pagarte. Solo soy un maestro —respondió Holliday, sorprendido por la generosidad del sonorense.

Murrieta sonrió, posó su mano derecha sobre el hombro del profesor y le dijo:

—No te preocupes, querido amigo, mereces un mejor futuro que muchos de los que están aquí.

Sam Green era un gringo entrón y de buena entraña, de la misma cepa de Burns y Holliday, hombres en los que se podía confiar y que no abrigaban maldad en sus corazones. A diferencia de sus amigos que decidieron asentarse en Hangtown, Green iba de pueblo en pueblo, no sabía permanecer; prefería moverse, cambiar de aires.

Joaquín lo conoció en Sacramento cuando Carlos y él compraron los caballos para continuar su camino hacia Hangtown. Green había sido testigo de la transacción porque era amigo del dueño del local y, por casualidad, conocía el nombre del otro asesino de Carlos, el que azuzó a la gente en la cantina. Se llamaba Bill Lang y era un forajido que se hacía pasar por buen ciudadano, pero que se vendía al mejor postor para quitarles sus tierras a los mexicanos. Había hecho del abuso su oficio. Cuando escuchó el plan de Joaquín, Sam no lo pensó dos veces, le ofreció su ayuda para cazar al miserable de Lang.

Como frutos maduros

En otras circunstancias, Joaquín habría podido fincar un futuro en el pueblo, pues la mesa de monte era todo un éxito. Noche tras noche entraban y salían mineros, gente del pueblo y forasteros. Había un ambiente festivo y, por momentos, Joaquín se hacía de la vista gorda cuando veía que algún parroquiano hacía trampa; necesitaba que se corriera la voz de que era fácil hacerlo. Por lo demás, resultó un negocio muy rentable.

Llegó el día. Joaquín lo supo de inmediato, un vacío en el estómago y la sangre helada le anunciaron la llegada de tres de los asesinos de Carmen. Los reconoció de inmediato, su olor amargo era inconfundible. Murrieta había perdido en un instante la frialdad calculadora y se dejaba guiar por sus instintos más primigenios. Rápidamente llevó la mano a la pistola y estuvo cerca de arruinar sus planes, de no ser por la intervención de Burns, que lo contuvo y le murmuró al oído «Todavía no es tiempo. Tendrás tu oportunidad».

Joaquín salió de la carpa y respiró profundamente. La ira quería someterlo, pero logró serenarse y regresó para supervisar la mesa de juego. No les quitó la mirada de encima en toda la noche. Entre cartas, copas y charla, supo dónde podía encontrarlos cuando fuera el momento.

En las siguientes noches se presentaron otros hombres del mismo grupo de asesinos. Algunas veces llegaba uno solo, otras iban acompañados por una mujer o un amigo. Iban y venían con toda naturalidad, siempre alcoholizados, siempre buscando pleito. Joaquín ignoró sus trampas, les permitió creer que eran más inteligentes que él y su socio Burns. No le importaba perder algo de dinero, no estaba ahí para hacerse rico con una tercia de bastos.

Luego de unas semanas, Joaquín había reconocido a cada uno de los asesinos de Carmen. No recordaba que hubieran sido tantos; llegó a contar 14 y eso desató aún más su deseo de venganza. Con semejante número, ni siquiera hubiera podido ofrecer resistencia aun con el revólver en mano; Carmen y él estuvieron condenados desde un principio. Pero cazarlos uno por uno era algo distinto. Cobardes, infames, cometieron una atrocidad que les haría pagar.

Con santo y seña de cada asesino, Joaquín tardó un par de días en alistar los últimos detalles para ir tras ellos. Compró cartuchos para su revólver y el rifle, suficientes cuerdas y una piedra nueva para afilar su cuchillo, además de alimentos, café, carne seca y algunos otros enseres. Luego se despidió de Holliday y le dijo que tal vez nunca se volverían a ver, le cedió a Burns su parte de la sociedad de la mesa de juego para que siguiera explotándola en el pueblo y acordó con Sam reunirse más adelante para ir por la vida de Lang.

Con los nombres de los placeres y las zonas donde se movían los asesinos de Carmen, lo siguiente era acercarse, ubicar a cada uno y así acabar con todos ellos. El plan parecía sencillo, pero Murrieta sabía que todo podía salir mal; sin embargo, estaba dispuesto a pagar el precio que fuera.

La sorpresa era su mayor ventaja; además, tenía la certeza de que eran torpes con las armas, pues estaban acostumbrados a someter a mujeres, niños, ancianos, gente que no podía defenderse y jamás opondría resistencia. No esperaba que fueran gatilleros y estaba convencido de que se acobardarían al estar solos.

Joaquín puso en práctica sus habilidades de rastreador y, siguiendo la pista de sus enemigos, cabalgó hasta Long Town, donde reconoció a los primeros tres. Aprovechó que a la hora del almuerzo se alejaron de su zona de trabajo y, con pistola, en mano los sorprendió. Los desarmó rápidamente mientras escuchaba sus insultos y amenazas. Usaría la pistola solo en un caso extremo, debía ser sigiloso y matar en silencio.

—¡Te vas a arrepentir, te vamos a encontrar y sentirás en tu cuello el ardor de la cuerda mientras cuelgas de un árbol! —le gritó uno de ellos. Pensó que Joaquín era un vulgar ladrón, otro mexicano más al que podrían someter tarde o temprano.

Sin dejar de apuntarles, separó a los tres hombres, se aproximó al más cercano y, para demostrar que no jugaba, sacó su cuchillo y lo degolló tan rápido que sus compañeros se horrorizaron.

El gringo se retorció en el suelo, su sangre salía a borbotones y llevó sus manos al cuello como si con eso pudiera impedir desangrarse, pero Joaquín no quiso que el pobre abrigara esperanzas, así que le dio una patada en los testículos con tal fuerza que el gringo extendió los brazos involuntariamente para morir ahogado en su sangre.

Con el rostro desencajado, el par de sobrevivientes guardó silencio y agachó la cabeza. Joaquín le arrojó una cuerda a uno de ellos y le ordenó que atara a su compañero de pies y manos. Obedeció sin chistar y, cuando terminó, sintió el culatazo del rifle en su rostro y cayó desmayado. Joaquín lo amarró del mismo modo.

Sentado frente a ellos, el sonorense afilaba con aparente calma su cuchillo, deslizaba lentamente la hoja por la piedra una y otra vez; absorto por completo en la tarea, parecía disfrutarla y sonreía con malicia. De vez en cuando alzaba la vista para verlos ahí, tirados en el suelo, amarrados y suplicando piedad con la mirada, pero Joaquín no decía una sola palabra. Luego de un rato se incorporó, se acercó a sus prisioneros y con la punta del cuchillo les marcó una J en la mejilla, después hizo lo mismo con el cadáver de su compañero.

—Soy Joaquín Murrieta —les dijo— y les voy a robar la vida como ustedes se la roban a los mexicanos.

Los dos gringos comenzaron a llorar, imploraron misericordia porque tenían esposa e hijos, según dijeron. Joaquín se solazaba frente a su humillación. Eso quería, eso excitaba su ánimo.

Después de un rato se cansó de los lamentos, ató los pies de los gringos a la silla de montar de su caballo y galopó a buen trote; los arrastró varias leguas como si fueran cabezas de ganado. Finalmente se detuvo ante un roble similar al que veneraban en Hangtown.

Sacó dos cuerdas más que entrelazó con alambre, las colocó en sus cuellos, las pasó por una rama gruesa, tiró del caballo y los colgó. Se les quedó mirando hasta que dejaron de mover las piernas. Como no corría con prisa, prendió una fogata y no dejó de mecer los cuerpos hasta que la fricción de las cuerdas desprendió las cabezas de sus cuerpos, que cayeron de lo alto del roble como frutos maduros.

Solo fueron 14

No sintió remordimiento alguno; al contrario, parecía disfrutarlo. Sabía que nada le devolvería a Carmen, pero su corazón estaba completamente vacío y no tenía intención de cuestionarse nada. Era solo el principio y estaba dispuesto a llegar hasta el final, hasta que su cuerpo apestara a sangre ajena.

Cuando unos lugareños encontraron las cabezas y los cuerpos de los tres mineros, la noticia corrió por Hangtown. Se habló de la extraña marca que tenían los muertos en la mejilla derecha, una J de la que nadie sabía el significado. Sin embargo, no cundió la alarma porque todo el condado era tierra maldita, tierra de locos y desquiciados envenenados por el oro que se arrebataban la vida con toda naturalidad.

En las semanas siguientes comenzaron a desaparecer mineros de distintos placeres de la región. Nadie sabía las razones, pero la gente estaba intranquila y en los pueblos cercanos se percibía inquietud y temor. Se hablaba de la aparición de una gran bestia que había surgido del monte Diablo, un cerro escabroso y de difícil acceso que se había convertido en guarida natural de quienes huían de algo o de alguien; otras versiones señalaban que se trataba de un salvaje que practicaba el canibalismo, como había ocurrido años antes en el norte de California.

Se organizaron guardias en los pueblos y en los beneficios. Los mineros procuraron estar acompañados en todo momento. Algunos vaqueros organizaron patrullas de voluntarios que salían con las armas en mano a explorar los alrededores y fue entonces cuando cundió el horror.

Por todo el condado fueron encontrando los cadáveres de los desaparecidos, desde los pueblos de Martínez y Turlock hasta los alrededores de Hangtown; podían mediar leguas entre un muerto y otro. Algunos fueron descubiertos colgados de los árboles; otros, sin cabellera, lo que hizo pensar a la gente que los responsables eran los indios modocs y achumawis, que estaban en pie de guerra. Unos más fueron hallados con las entrañas de fuera y muy pocos mostraban un par de certeros disparos en la cabeza, los que menos habían padecido el calvario de su muerte.

Rápidamente corrió la noticia de que todos los cadáveres tenían una J marcada en el rostro y fueron desorejados, lo cual era cierto: Joaquín llevó su venganza hasta extremos insospechados. Entre la zozobra y el temor, la gente le daba vuelo a las historias más disparatadas, que involucraban la magia ancestral de las tribus bárbaras, alguna maldición o incluso señalaban a criaturas malignas que nadie había visto antes y cuya guarida se encontraba en lo más recóndito de la Sierra Nevada.

Los rumores pronto trastocaron la realidad. Se hablaba de que las autoridades contabilizaban más de cien cadáveres hallados en condiciones terribles, que cuerpos de mujeres y niños habían sido hallados sin corazón, que era el anuncio del fin de los tiempos o un castigo del cielo por la ambición desaforada que había invadido a California.

No pocas familias decidieron dejar sus hogares en la región y viajaron a Sacramento o San Francisco mientras las autoridades mataban a la bestia. Porque, a sus ojos, eso era, una bestia voraz, sedienta de sangre, que recorría los caminos del condado de El Dorado y mataba por placer. Descartaron que fuera obra del hombre, no podía tratarse de indios bárbaros o forajidos porque, junto a los muertos, en la mayoría de los casos, se encontraban sus caballos y sus pertenencias completas: armas, comida, sillas de montar, dólares.

Pero, así como comenzó la historia de una manera vertiginosa, esta terminó súbitamente. De la noche a la mañana ya no hubo más desaparecidos ni se encontraron más cuerpos. La matanza se detuvo como si la maldad hubiera decidido alejarse de aquellas tierras. La realidad volvió a desconcertar a propios y a extraños. ¿Qué había sucedido? ¿La gente podía volver a sus hogares? ¿Estaban a salvo? Se preguntaban.

Pasaron semanas sin que se reportara ningún nuevo caso y, ya sin la confusión que habían sembrado los rumores, las autoridades informaron que solo habían sido 14 los cuerpos encontrados y ninguno era de una mujer o un niño. Nadie lo sabía ni llegaría a saberlo, pero esos 14 cadáveres eran de los asesinos de Carmen, y Joaquín Murrieta era el responsable, como se lo había jurado.

Pero faltaba uno más, Bill Lang, el otro asesino de Carlos Murrieta, que no cayó abatido a manos de Joaquín, sino de su amigo Sam Green. El norteamericano aguardaba con paciencia el regreso del sonorense para salir en persecución de Lang, pero el destino lo puso en su camino durante una borrachera de cantina.

Green lo reconoció y medio ebrio se le acercó para increparlo:

—Tú eres Bill Lang, el cobarde que acusó a Carlos Murrieta de haberse robado dos caballos. Tú eres el verdadero ladrón, tú propiciaste que lo colgaran. Esos caballos eran de los Murrieta y pagaron por ellos, y lo sabías. Yo fui testigo de la compra. ¡Eres un sinvergüenza! —le reclamó mientras Lang lo miraba con desprecio, pero no pensó que se atreviera a más.

—Ya cállate, viejo estúpido. ¡Vete a tu casa, estás borracho! —respondió Lang y volvió a sus asuntos.

—Eres un cobarde, debería matarte —insistió y, sin pensarlo dos veces, le descargó los seis tiros de su pistola.

Lang quedó tirado en medio de la cantina. Joaquín lo supo tiempo después.

Satisfecho por haber cumplido con su venganza, Murrieta se retiró del condado de El Dorado, ya que nada lo ataba a esos pueblos, ni a su gente ni a su mundo, y además estaba en riesgo porque en cualquier momento el destino podría jugar en su contra. No era común toparse con un mexicano solo en esos caminos donde se transportaba oro. Cabalgó en dirección del monte Diablo, donde solían esconderse los mexicanos perseguidos por los gringos o aquellos que habían sufrido despojos y vejaciones.

Cuando las autoridades de Hangtown pudieron conocer las identidades de los 14 mineros —tardaron mucho más de lo habitual porque había cuerpos casi irreconocibles luego del festín que se dieron los lobos—, un lugareño se percató de que todos pertenecían a una banda que ofrecía sus servicios a los propietarios de las minas más ricas para despojar a los mexicanos de sus tierras en Mother Lode.

Las autoridades determinaron que había sido una venganza, pero no hicieron nada más porque nadie denunció robo alguno. Resultaba asombroso que, en los hechos, el robo fuera un delito mayor que el asesinato porque atentaba contra el derecho a la propiedad privada; en cambio, la muerte..., la muerte era cosa de todos los días entre la gente de El Dorado.

9

El Patrio

Solo buscaba venganza y se convirtió en justiciero. Desde finales de 1851, el nombre de Joaquín Murrieta resonó entre los condados de El Dorado, Calaveras y San Joaquín; lo repetían con preocupación en San Francisco y en Stanislaus; en Sacramento causaba alarma y hasta en Los Ángeles sembró zozobra.

Había surgido un justiciero capaz de hacer valer los derechos de los mexicanos a sangre y fuego. Un hombre dispuesto a doblegar a los gringos que hicieron del abuso y el despojo una forma de vida; un caudillo que no tenía temor de hacerles frente, de engañarlos, de ponerles celadas, de arrebatarles su oro, de robar sus caballos y quedarse con su ganado.

Los rumores ubicaban a Murrieta en el monte Diablo, el cual, según la tribu miwok, era el origen de la creación. Ahí tenía su cuartel, desde ahí repartía el botín entre sus hombres para que lo llevaran a los pueblos donde sufrían otros mexicanos. En ese lugar logró organizar una banda que rebasaba por mucho el centenar de hombres, todos dedicados al abigeato.

Por eso se referían a él con admiración y lo llamaron el Zorro del Valle de San Joaquín, el Coyote o el Patrio, porque eso representaba, la patria perdida en la guerra de 1846. No poca gente dudaba de su existencia o creía que Joaquín era un fantasma, un espíritu errante o un hechicero que tenía el don de la ubicuidad y podía estar en distintos lugares al mismo tiempo.

Abundaban las denuncias de estadounidenses que lo señalaban en un pueblo mientras lo estaban persiguiendo en otro, o notificaban que en esa misma fecha había robado ganado en un condado diferente. Las historias más terribles acerca de su crueldad terminaban animando las conversaciones de cantina y las cenas familiares.

Le atribuyeron 14 muertos, luego dijeron que acabó con 24 vidas y el sensacionalismo de la prensa lo acusó de victimar a 42 personas, de las cuales 41 eran norteamericanos. No temía disponer de sus vidas, la mayoría no le merecía respeto, pero nunca mató a un mexicano.

Los gringos lo imaginaban como un monstruo apocalíptico, un depredador capaz de secuestrar a sus niños para devorarlos y luego escupirlos. Los padres aprovechaban sus historias para disciplinar a sus hijos, no por el temor a Dios ni por el miedo de que los apaches les arrancaran sus cabelleras, sino a caer en manos de Murrieta. «Si te portas mal, vendrá por ti el Patrio», repetían mientras se llenaban de lágrimas los ojos de los niños estadounidenses.

Pero la historia no era del todo cierta. Murrieta llegó al monte Diablo hacia finales de 1851 para corroborar lo que se decía en todas partes: se encontró con decenas de mexicanos que aprovechaban su orografía para refugiarse y establecer sus guaridas. La mayoría había optado por el camino de la delincuencia para compensar lo que los gringos les quitaron a la mala: sus propiedades.

Habían hecho del robo de ganado y de caballos su misión, aunque también asaltaban diligencias o zonas mineras alejadas de los principales pueblos, de donde obtenían buenos botines que muchas veces terminaban dilapidados en las casas de juego, las cantinas y los burdeles de San Francisco, Los Ángeles o Sacramento.

Se trataba de una venganza colectiva que había resultado en un negocio arriesgado pero redituable, que nada tenía que ver con la reivindicación de la justica ni con la organización de un movimiento libertario para recuperar California. Tampoco se trataba de la lucha entre dos razas, todo se reducía a sobrevivir en un lugar sin ley, en el que un instante podía ser la diferencia entre la vida y la muerte.

Los delincuentes sabían que su vida podía terminar con una bala en la sien, en la horca de algún miserable pueblo norteamericano o, en el mejor de los casos, si alcanzaban el perdón, serían azotados en la plaza pública.

La gente que se escondía en el monte Diablo no era mejor que los gringos. Todos sus habitantes debían cuidarse las espaldas porque, al fin y al cabo, eran delincuentes. No había romanticismo en el abigeato ni en la bandera contra los gringos. No había nada de heroico en el crimen.

La ejecución de los asesinos de Carmen endureció aún más el carácter de Joaquín. Ya no sonreía, se volvió reservado y taciturno. Sin embargo, todavía mostraba rasgos de su carisma y pronto se ganó la confianza de algunos cabecillas que compartían sus hazañas y sus andanzas al calor de una buena fogata, acompañados del aguardiente que destilaban ahí mismo o de whisky cuando habían obtenido un buen botín.

A nadie sorprendía que las manos de aquellos hombres estuvieran tintas en sangre; pero, días después, cuando Joaquín se animó a contar su historia y el resto de los mexicanos la escuchó con atención, cambió por completo su percepción acerca de él.

Lo metódico de su venganza, la frialdad para acabar con cada uno de los gringos, la crueldad como impronta lo colocaron en un universo distinto al de sus compañeros. Pocos de los ahí reunidos no cargaban con un muertito en su haber, pero habían matado durante un asalto, en defensa propia, tratando de huir o incluso borrachos en algún pleito de cantina. Joaquín, en cambio, había creado las circunstancias para matar, se había convertido en un asesino por decisión y, por más que se llamara a sí mismo «instrumento de la justicia divina», por más que su dolor y el de Carmen le hubieran permitido matar, no era más que un vulgar asesino de gringos.

En las 14 muertes que presumía nunca estuvo en desventaja porque planeó cada una con paciencia. No dio pie a equivocaciones y fue lo suficientemente frío para no sucumbir ante las súplicas y el llanto de sus enemigos.

Pero los mexicanos del monte Diablo no lo juzgaron, no les importaban las categorías morales, no lo vieron con desprecio ni con miedo, sino con admiración. Joaquín Murrieta era hombre entre los hombres y se convirtió en el jefe, en el líder de aquel grupo de forajidos y cuatreros que lo ungieron como si hubieran esperado largo tiempo al elegido. Repitieron su historia a los cuatro vientos. De pronto solo un nombre se escuchó en todo el estado: Joaquín.

El propio Murrieta, tocado por la soberbia y envanecido por una historia que no dimensionó sino hasta que la vio reflejada en sus hombres, ayudó a que su nombre alcanzara la fama y se convirtiera en una palabra que nadie debía pronunciar.

Cuando ya cundía la alarma por todo Mother Lode debido a los recurrentes asaltos perpetrados por la banda de mexicanos que encabezaba, Murrieta llegó a uno de los pueblos donde predominaban los gringos y se encaminó directamente a la cantina.

Sentado a la barra, escuchó con suma atención la conversación de varias mesas en las que repetían que un tal Joaquín era el jefe de un grupo de forajidos de origen mexicano, que lo calificaban como intrépido, temerario y cruel. De pronto interrumpió a los parroquianos, se paró sobre la barra con pistola en mano, gritó «Yo soy Joaquín» y disparó al aire.

El terror impidió que alguno de los presentes intentara detenerlo y salió de la cantina sin prisa, montó su caballo y se marchó. Aquel día, Joaquín dejó de ser leyenda para convertirse en historia.

El justiciero

Les hizo ver su suerte a los gringos como nadie lo había hecho. Ni siquiera cuando las tropas norteamericanas ocuparon la Alta California durante la guerra entre México y Estados Unidos, los mexicanos le causaron tantos dolores de cabeza al ejército de ocupación como lo hacía Joaquín con su banda.

Sembró el caos en toda la región de Mother Lode y llegó a ser su amo y señor; se dice que alcanzó a reunir hasta dos mil caballos, propiedad de los gringos, que vendió en México. Los norteamericanos no se daban abasto para perseguirlo porque orquestaba golpes simultáneos en distintos pueblos, de tal modo que las autoridades terminaban por reconocer que «Joaquín está en todos lados y en ninguno».

La gente del pueblo comenzó a cantar sus hazañas porque el justiciero repartía el botín entre los mexicanos desposeídos, humillados, pobres y perseguidos. No amasó fortuna alguna, no se hizo de propiedades, no quiso echar raíces en ningún lado, tampoco pensó volver a Sonora. Era un desarraigado de sí mismo que despreciaba la vida y que, si le llegaba la muerte, estaba dispuesto a recibirla con calidez, pues creía, realmente lo creía, que ella lo llevaría junto a Carmen.

Era un bandido generoso y desprendido que nunca se vio a sí mismo como un héroe ni habló de justicia o libertad; no pontificaba ni estaba ahí para romper las cadenas de nada. Todas esas ideas románticas eran palabras huecas que prefería ignorar. No aconsejaba nada que no tuviera relación con los golpes que planeaba. Detestaba los sermones y solo esperaba disciplina entre sus hombres para el beneficio de cada misión.

No quería una república independiente ni devolverle a México lo que por derecho era suyo y le había arrebatado Estados Unidos en una guerra injusta. Se propuso ser el azote de los gringos por razones personales, no por el pueblo, no por los mexicanos, y lo sería hasta que el destino le pidiera cuentas.

En pocos meses su banda llegó a reunir a más de cien hombres, pero tenía más aliados en los pueblos, donde lo ayudaban y protegían. Eran sus ojos y sus oídos, sus informantes estaban dispuestos a dar la vida por él. Siempre tuvo un gesto de generosidad hacia los mexicanos y uno de desprecio hacia los estadounidenses, sobre todo los de las minas. Joaquín Murrieta se volvió uno con sus hombres y con el pueblo, que nunca lo vio como un delincuente, sino como su justiciero.

El sentido común regía sus actos y, del mismo modo como había fraguado su venganza, desarrolló una estrategia para su banda. Procuró que nunca se reuniera en un solo lugar su centenar de hombres, los dividió en grupos reducidos, ordenó que en cada campamento se montaran guardias y desarrolló un sistema de alarmas con latas y botellas, con las que cercaban el perímetro durante las noches y que sonaban a la menor provocación.

Las historias más insólitas comenzaron a transmitirse de boca en boca: decían que Joaquín usaba un chaleco antibalas diseñado por un francés; contaban que había desarrollado un sistema de túneles en toda la región para escapar o perder a sus enemigos ante una posible persecución; su gente hablaba de las trampas más ingeniosas para atrapar a los gringos.

En los pueblos presumían con orgullo que Joaquín había pasado la noche en un hostal o bebido en la cantina en presencia de todos, o que había dejado buenas limosnas en la iglesia. Unos más referían con emoción que llegaron a saludarlo en alguna ocasión y estrecharon su mano.

Las andanzas de Joaquín comenzaron a ser noticia y aparecían publicadas en los periódicos de Los Ángeles, San Francisco o Sacramento, donde daban amplio espacio a su información porque la gente lo exigía y las ganancias no eran nada despreciables.

El *Sacramento Union Newspaper* refería que la lealtad de la gente hacia Joaquín era insólita. A través de uno de sus reporteros, se supo de un caso en el que el cabecilla demostró su valor y la gente, su devoción. El sonorense hizo correr la versión de que se presentaría en el pueblo de San Luis Obispo y descansaría en la misión Jardines.

Joaquín sabía que corría el riesgo de que algún malqueriente lo delatara ante las autoridades y estas le cayeran encima;

pero, lejos de eso, la gente guardó silencio y procuró protegerlo. Se tomó su tiempo, conversó con los habitantes de San Luis y, tras haber tomado un respiro de su ajetreada vida de bandido, se marchó, no sin antes asaltar a un gringo engreído y apostador que todos en la misión detestaban.

Envalentonado, seguro de sí mismo, con el apoyo popular, Joaquín no solo despojaba a los gringos de su patrimonio; si había oportunidad, los hacía quedar en ridículo. Los pueblos asolados por la banda de Murrieta tomaron medidas para defenderse: organizaban grupos militares, contrataban a gatilleros e incluso ofrecían recompensas.

Joaquín se enteró de que en Stockton las autoridades le habían puesto precio a su cabeza. Ofrecían cinco mil dólares a quien lo entregara vivo o muerto. Con la insolencia del caudillo popular, marchó hasta Stockton solo acompañado por uno de sus hombres.

En la plaza del pueblo vio que la gente leía con interés un cartelón que en letras gigantes anunciaba «Se busca», acompañado por un retrato hablado. Descendió de su caballo, se metió entre la gente y, luego de ver que su retrato no lo favorecía, soltó una carcajada. Tachó el cartel y escribió: *Yo daré diez mil dólares personalmente. Joaquín.* La gente se quedó atónita y solo alcanzó a verlo montar en su caballo y salir del pueblo. «Los gringos son unos pendejos», se dijo el sonorense y, luego de soltar una última carcajada, apresuró el paso.

Jack *Tres Dedos*

Llevó cinco chinos hasta el campamento, por sus pistolas, porque le dio la gana, porque podía hacerlo y porque odiaba a los chinos sin ninguna razón. Los amarró uno tras otro y los hizo caminar varias leguas. Tenía ganas de divertirse. No tenían cuentas pendientes con ningún mexicano ni habían cometido ningún delito; era gente pacífica y trabajadora que, como muchos otros chinos, viajaron desde Asia cuando llegó la noticia de la fiebre del oro.

Se habían aventurado a cruzar el océano Pacífico con la creencia de que podrían encontrar un futuro mejor del que se desdibujaba en China. Dejaron todo atrás: vidas, historias, antepasados, todo por una oportunidad, por una esperanza que no llegó porque los norteamericanos lo impidieron.

Si con los mexicanos eran abusivos, con los chinos fueron crueles hasta la ignominia. Los discriminaron por su aspecto físico, por sus costumbres, por sus ojos rasgados, por la manera de vestir y porque los gringos nunca comprendieron —ni quisieron hacerlo— su forma de concebir la vida. Ante sus ojos eran seres extraños y despreciables.

Fue tanto el odio desatado contra los chinos que la legislatura del estado de California promulgó leyes para excluirlos de todas las actividades económicas en las que participaran los estadounidenses. Nunca hubo futuro para ellos en Estados Unidos, no al menos en la década de 1850. Y si algo compartieron chinos y mexicanos en los días de la fiebre del oro, fue el desprecio de los gringos.

Por eso llamó la atención que Jack *Tres Dedos* llegara al campamento de los mexicanos con cinco chinos. Si hubieran sido gringos, a nadie le hubiera importado, pero ¿chinos? Seguramente Jack estaba fuera de sus cabales, tanto que nadie imaginó lo que el destino les tenía reservado.

Los paró frente a una fogata alrededor de la que descansaban los hombres de confianza de Joaquín y presumió que les había robado su oro como si hubiera sido una gran hazaña. Bebía a pico de botella mientras alardeaba que los había capturado sin mucho esfuerzo.

Sus compañeros reían con cierto nerviosismo porque conocían los arranques violentos que tenía Tres Dedos.

—Los voy a matar aquí —les dijo Jack—, ya no me sirven.

Los chinos intentaban comunicarse con el lugarteniente de Murrieta, aunque no era necesario hablar el mismo idioma para entender sus gestos que imploraban clemencia con desesperación.

Jack se acercó al primer chino, le abrió el estómago y las tripas cayeron sobre la fogata, luego arrojó el cuerpo al fuego.

Los mexicanos estaban azorados, pero ninguno se atrevió a detenerlo. Los chinos gritaban aterrorizados, veían cómo se paseaba Jack frente a ellos, con los ojos henchidos de ferocidad. No hubo misericordia para ellos, Tres Dedos los pasó por su cuchillo uno por uno.

Joaquín se acercó a la fogata para saber la razón de los alaridos que rompían el silencio del valle. Uno de sus hombres le contó lo sucedido y le preguntó:

—¿Por qué tienes a Jack con nosotros? Está loco, es un asesino.

—Porque es el mejor hombre que tengo —respondió Joaquín sin lamentar lo sucedido.

No mentía. Jack *Tres Dedos* era el más efectivo y temerario de sus lugartenientes. Podía pedirle cualquier cosa por absurda que fuera; podía enviarlo a dar un golpe audaz, ordenarle que secuestrara gringos para luego ejecutarlos, que le prendiera fuego a un pueblo entero, lo que fuera, y sabía que moriría antes que no cumplir.

Ninguno de los hombres cercanos a Joaquín ponía en duda la lealtad de Tres Dedos, pero todos sabían que era la cara oscura de Murrieta. Nadie podía explicar por qué le permitía cometer atrocidades semejantes a las que Joaquín había padecido en carne propia. O quizá esa era la razón: le importaba un bledo si asesinaba a un gringo o a diez, o si vaciaba las entrañas de otros extranjeros, como hizo con aquellos chinos. Francamente, lo que hiciera Tres Dedos le tenía sin cuidado, siempre y cuando contara con su lealtad.

Desde que cumplió su venganza, Joaquín no volvió a matar a nadie. Le cedió ese honor a Tres Dedos, como si Jack fuera una oscura extensión de su voluntad y a través de él pudiera saciar la sed de sangre que lo acompañaba desde que despachó a los 14 asesinos de Carmen.

La prensa norteamericana se refería a Jack como «un hombre depravado y sanguinario», «totalmente salvaje», «una bestia feroz», y no exageraban; se divertía destrozando los cráneos de sus víctimas y lavando su cuchillo en su sangre como si con ello lo hiciera más letal. Era casi un rito, el único que repetía en cualquier circunstancia.

Decía llamarse Manuel Duarte, por entonces tenía 28 años y era feo como pegarle a Dios; se pensaba que el infierno lo había escupido ahí mismo, en monte Diablo, y quienes lo miraban pensaban en un hombre desfigurado por un accidente. Su rostro parecía el de un animal salvaje. Nada había de estético en sus facciones, por lo que su expresión era cuando menos siniestra.

Contaba que había pasado una temporada en México con un loco aventurero que juró organizar un ejército de 25 000 hombres para recuperar California después de la guerra, pero solo era una quimera, una más como la de muchos aventureros que incluso llegaron a pensar en la creación de una República de California independiente de mexicanos y estadounidenses.

Manuel cambió su nombre por el de Jack cuando comenzó la fiebre del oro y volvió a San Francisco. No parecía un norteamericano, pero al menos adoptó un nombre gringo. El apodo se lo ganó con sangre, mucha sangre. En un enfrentamiento a tiros, resultó herido en la mano y dos de sus dedos quedaron despedazados. No lo pensó dos veces, sacó su cuchillo y se los cortó. A partir de entonces fue conocido como Jack *Tres Dedos*.

A sabiendas de que sería repudiado por su aspecto físico, desprecio que había soportado desde que era un adolescente, se dedicó al abigeato y al asalto de caravanas que transportaban mercancías entre los pueblos cercanos a San Francisco. Para los norteamericanos era un ser cruel y despiadado. Sin embargo, Jack no discriminaba, le daba igual asaltar a norteamericanos que a mexicanos o chinos, lo importante era el botín y la facilidad con que podía matar.

A Joaquín no le importaban los excesos de Tres Dedos ni que su compañía le diera mala fama o que sus atroces asesinatos fueran abonados a su cuenta. Las muertes y las masacres definieron esa época, y en varios pueblos llegaron a referirse a esos años como *The Bloody Fifties* (Los sangrientos cincuenta).

Los periódicos estadounidenses presentaban a Joaquín como un bandido sanguinario y cruel, por eso nadie dudaba de que hubiera matado a 25 o a 50 personas, así que enterarse de que le habían sumado uno o varios muertos más no le quitaba el sueño. Murrieta se sabía delincuente por más que los mexicanos quisieran verlo como un justiciero o un héroe y tenía la seguridad de que, si caía en manos de los gringos, su cadáver colgaría del roble más alto de California.

Jack *Tres Dedos* era un matón, el matón de Joaquín Murrieta, el asesino que todo jefe de una banda necesita para que haga el trabajo sucio. A la larga, esa violencia frenética y sus diversos excesos trazaron el camino que llevó a Joaquín y a su banda a la tumba, pero estaban destinados a caminar juntos hasta la muerte.

«Todos somos Joaquín»

Perseguían a un fantasma, no había otra explicación, por eso era imposible capturarlo. Aparecía y desaparecía con desfachatez. Lo único cierto es que podía robar ganado, asaltar a mineros y asesinar norteamericanos, todo al mismo tiempo.

Conocían su nombre pero no su apellido, y no había nadie que pudiera describirlo. Era un hombre sin rostro, sin historia, un fantasma, el muerto desconocido en una fosa común. Las autoridades llegaron a dudar de su existencia; cualquiera podía llamarse Joaquín, también podía tratarse de un alias, pero no tenían de dónde asirse para enfrentarlo, ni pistas ni información.

Para los norteamericanos tampoco resultaba alentador conocer la región en donde daba sus golpes; era demasiado extensa como para cubrirla en pequeñas partidas, lo que hacía más asombrosa la manera como operaba la banda de Murrieta, quien debía contar con un ejército o ser, en efecto, un fantasma.

Ni los mexicanos podían identificarlo. Podía ser cualquiera, un forastero, un viajero, un comerciante. Decían que se presentaba en San Francisco, Los Ángeles o Sacramento vestido como un señor de alcurnia, descendiente de los españoles que permanecieron en California aun después de la guerra; podía hacerse pasar por un refinado caballero y ni quien dijera nada.

Pero también corría el rumor de que se paseaba por los pueblos vestido humildemente, como un trabajador más de los agostaderos o de las minas, discreto, sin llamar la atención.

Pasaba desapercibido porque no era moreno ni se parecía a los indios de la región; no tenía rasgos orientales, tampoco era blanco como los anglosajones que habían migrado del este de Estados Unidos; su piel era clara, pero el sol la había tostado, por lo que era semejante a miles de personas que se avecindaron en California y trabajaban día a día al aire libre.

Salvo sus compañeros de armas, nadie sabía que tenía una cicatriz en la mejilla que llamaba la atención; el cuchillo de aquel gringo lo dejó marcado para siempre. Era alto y fornido, y se había dejado crecer el pelo, la barba y el bigote porque hubiera sido demasiado arriesgado entrar a una barbería en San Francisco. Por otra parte, así lucía la mayoría de los hombres en Mother Lode. El mejor camuflaje que podía utilizar era comportarse como un mexicano más en tierras californianas.

Su última línea de defensa era la gente del pueblo que, aun si hubiera sabido cómo era, jamás lo habría delatado. Para mucha gente sin esperanza, Joaquín no era un forajido, nunca lo había sido; era un justiciero y debían procurarle seguridad y apoyo, ya que su vida era inapreciable.

A lo largo de 1852 y durante buena parte de 1853, la banda de Murrieta siguió asolando la región. La gente de Joaquín se movía en grupos y solo en ocasiones se reunían en el monte Diablo por unos días, para luego tomar rumbos diferentes. Durante el verano, los forajidos aprovechaban que el lago Tulare, entre San Francisco y Los Ángeles, se secaba y se abrían caminos y brechas hacia una zona de barrancos donde podían acampar. El lugar se convertía en una fortaleza natural por donde rara vez se asomaba algún alguacil norteamericano.

Murrieta se regodeaba burlándose de los gringos. Quería demostrar que no eran más que unos imbéciles y ambiciosos capaces de vender a sus madres si podían ganar unos dólares. Le gustaba poner a prueba su inteligencia y hacerlos quedar como tontos; era un maestro del engaño que siempre maquinaba formas para despistar a los gringos.

En cuanto llegó al monte Diablo y fue reconocido como líder, urdió su plan más ingenioso. En un principio, la banda, que no sumaba más de veinte hombres, operaba de manera conjunta; contaba con buenos jinetes acostumbrados a cabalgar en las condiciones más difíciles y a través de barrancas, desfiladeros y ríos.

Conforme creció su fama, aumentó el número de hombres en su banda. Al cabo de un tiempo contaba con más de cien elementos, el equivalente a una compañía militar que hubiera hecho temblar a cualquiera, pero Joaquín sabía que no podía movilizarse con un contingente de ese tamaño. El éxito de sus golpes dependía de un puñado de mexicanos ordenados y eficaces.

Para ejecutar su plan maestro, Murrieta reunió a sus hombres de confianza y les propuso dividirse en cinco grupos; el líder de cada uno debía adoptar el nombre de Joaquín y hacer correr la voz de que cada golpe dado había sido dirigido por él.

Durante meses, los norteamericanos vivieron desconcertados. Cuando las autoridades se presentaban e interrogaban a la gente, dondequiera que fuera, respondían que la banda de Joaquín había sido la responsable del golpe. Además, ninguno se presentaba como el jefe, de ese modo Joaquín siempre era mencionado, pero nadie podía señalarlo.

«Todos somos Joaquín», repetían ufanos los lugartenientes de Murrieta y se reían, divertidos, cuando se reunían a contar sus hazañas, sus robos e incluso los asesinatos que cometían. Y así era: en grupos de veinte hombres cabalgaban Joaquín Valenzuela, Joaquín Botilleras, Joaquín Carrillo, Joaquín Ocomorenia y, el jefe de jefes, Joaquín Murrieta, siempre acompañado por su hombre de confianza, Jack *Tres Dedos*.

Murrieta parecía imbatible. Salvo las grandes ciudades, como San Francisco o Los Ángeles, pocos lugares de California eran seguros. Cada Joaquín se movía en una región y lo único que tenían prohibido era asaltar poblaciones mexicanas; por lo demás, no había restricciones. También podían disponer del botín como les viniera en gana; solo exigía una parte que distribuía entre la gente del pueblo.

Parecía disfrutar ese mundo tan absurdo en el que se encontraba por voluntad propia, tan ajeno a lo que siempre imaginó para su vida. La cómoda monotonía de los días en Sonora estaba más lejos que nunca, ya no podría volver incluso si lo quisiera. Esa era la historia de otro hombre, de uno que quiso una familia, que amó y fue amado, que buscó ser feliz en algún lugar. Ese hombre había dejado de existir.

Se acostumbró a dormir a la intemperie, a cabalgar día y noche, a recibir disparos, a huir, a matar. Al frente de su grupo de hombres, regresó varias veces más a Hangtown solo por el gusto de hacerles la vida miserable a sus habitantes. Fueron un par de años en los que aprendió a salirse con la suya, pero en los que vivió con un enorme vacío en su alma. Aquello no podía durar para siempre, pero Joaquín no pensaba en ello; para él no existía más futuro que la mañana siguiente.

La debacle comenzó cuando uno de los hombres de la banda cayó en manos de los norteamericanos y a latigazos lo obligaron a revelar todo lo que sabía antes de colgarlo. Las autoridades conocieron finalmente la forma en que operaba Murrieta, la historia de los Joaquines, los apellidos de cada uno.

También confirmaron que Tres Dedos, de quien ya tenían conocimiento, cabalgaba al lado del verdadero Murrieta y había vuelto a las andadas. Lo único que nunca pudieron hacer bien los gringos fue escribir los apellidos correctamente. Murrieta aparecía como Murieta, Muriati o Muliati; escribían Botellier en lugar de Botilleras, Corrillo o Cerrito en lugar de Carrillo.

Todas las especulaciones fantásticas que durante meses llenaron las conversaciones acerca de la ubicuidad de Murrieta se desvanecieron. La realidad acabó con la leyenda. La prensa difundió lo que era inequívoco: había un grupo de bandidos, conocido como Los Joaquines, que había hecho de las suyas durante varios meses y se le exigía al Gobierno de California detenerlos.

Los periódicos de los distintos condados siguieron a pie juntillas las andanzas de Joaquín y sus hombres. Una nota del periódico *San Joaquín Republican*, del 30 de mayo de 1852, advertía que

> el robo de ganado es un problema del día a día y el responsable siempre es alguno de los cinco Joaquines: Joaquín Muliati, Ocomorenia, Valenzuela, Botellier o Corrillo. Conocemos muy bien los robos de estos bandidos, pero no nos es posible enfrentarlos a causa de las altas aguas en algunos de los ríos que tendríamos que cruzar. Nuestro objetivo es sacarlos de este condado y luego atraparlos en sus guaridas en las montañas.

En mayo del siguiente año, *Los Angeles Star*, el primer diario de Los Ángeles, publicó una noticia que sería definitiva:

> En su última sesión, la legislatura ha asignado al capitán Harry S. Love como líder de una compañía de veinte hombres con el propósito de capturar a los cinco Joaquines, cuyos nombres son Joaquín Muriati, Joaquín Ocomorenia, Joaquín Valenzuela, Joaquín Botellier y Joaquín Carrillo, y su banda de asociados.

Con cierto humor involuntario, y ante la falta de información, el diario señalaba que irían tras el jefe de los bandidos, pero como nadie sabía quién de los cinco Joaquines lo era, a la gente del periódico se le hizo fácil señalar:

> Existe la posibilidad de que el Joaquín esté incluido en la lista anterior. El nombre «Joaquín» es peligroso y cualquiera que lo porte hoy día debe tener cuidado, sobre todo si se topa con los *rangers* que van tras el líder de la banda.

Mientras tanto, el Joaquín no había perdido el sueño.

10

La cacería

La debacle

Dos acontecimientos determinaron que el Gobierno del estado de California finalmente le pusiera precio a la cabeza de Murrieta. Hasta entonces, los condados lo habían intentado de manera aislada, sin coordinación ni apoyo. Las poblaciones que gozaban de más recursos, sobre todo las de Mother Lode, lograron mantener a salvo los pueblos, pero no los placeres; los condados habían asumido una actitud exclusivamente defensiva que, de seguir así, jamás terminaría con la captura de Murrieta.

El 7 de noviembre de 1852, una terrible noticia conmocionó a los californianos. La noche anterior, en el poblado de San Gabriel, un desconocido le había disparado al general Joshua Bean, hombre respetado y apreciado en California. Bean no murió al instante, llegó casi arrastrándose hasta una casa compartida por varias familias mexicanas que trataron de ayudarlo, pero fue inútil. A la mañana siguiente el general falleció sin mencionar quién le había disparado.

Los norteamericanos emprendieron una cacería de brujas contra los mexicanos; aprehendieron a varios, los acusaron sin pruebas y los ejecutaron. Como las versiones del crimen eran muy confusas, las autoridades aprovecharon la situación y por medio del *San Francisco Daily* corrieron la noticia de que Joaquín había ultimado al general Bean.

El tiempo y una exhaustiva investigación demostraron que Murrieta no había estado involucrado en el crimen, pero fue el pretexto que el capitán Harry Love buscaba para obtener la autorización para organizar un cuerpo de *rangers* y salir en persecución de Murrieta.

El otro acontecimiento no fue menos sangriento. En los primeros meses de 1853, en el pueblo de San Juan Bautista, un grupo de rancheros se había percatado de que, de la noche a la mañana, sus caballos habían sido robados. Sin perder tiempo, reunieron un grupo de cerca de 25 personas y con armas en mano salieron a buscar a los delincuentes.

Las huellas los llevaron hasta un desfiladero que cruzaron sin novedad, hasta que se toparon con un campamento donde se encontraba Murrieta con cerca de sesenta hombres, entre ellos Jack *Tres Dedos*, y con los caballos robados a la vista.

Aunque sabían que habían dado con los delincuentes, los rancheros de San Juan Bautista estaban en desventaja numérica. No quisieron iniciar un enfrentamiento que a todas luces sería inútil; lo mejor era regresar al pueblo por ayuda, así que les explicaron que estaban de cacería. Joaquín no creyó una palabra, pero tampoco dio la orden de dispararles; esperaba que se retiraran de manera pacífica, lo cual habría sido lo más sensato.

Jack *Tres Dedos* selló el destino de Joaquín y de su banda cuando, sin advertencia alguna, sin amenazas, sin mediar palabra, disparó sobre los rancheros. Sus compañeros lo siguieron y la gente de San Juan Bautista comenzó a caer. Intentaron oponer resistencia, repelieron el fuego y en medio de la confusión huyeron, pero en el desfiladero Tres Dedos les cerró el paso y asesinó a varios más.

Todavía se dio el gusto de bajar del caballo y retar a uno de los sobrevivientes a pelear con cuchillo por su vida. El ranchero se vio obligado a aceptar, sin saber que el arma predilecta de Jack era el cuchillo, hasta que sintió un corte, y otro y otro más que lo hacían sangrar de pequeñas pero dolorosas heridas.

Cuando Jack lo tuvo a sus pies y se disponía a sacarle las entrañas, Joaquín intervino:

—Déjalo ir para que cuente lo sucedido.

Murrieta les ordenó a sus hombres que les permitieran recoger a sus muertos, cargar con sus heridos y marcharse sin que fueran molestados. La masacre de San Juan Bautista fue la gota que derramó el vaso en California.

Si bien es cierto que la banda de Joaquín Murrieta no era la única que cometía delitos en el estado —de hecho, hacia 1853 las bandas se habían multiplicado y algunas eran más ecuménicas: aceptaban mexicanos, norteamericanos e indios—, el Gobierno debía dar un escarmiento y nada mejor que hacerlo con Joaquín Murrieta, no solo para castigar sus crímenes, sino para aplastar y extirpar la creencia de que era el Robin Hood de El Dorado, el justiciero mexicano que se rebeló a las leyes estadounidenses.

El 17 de mayo de 1853, ante las presiones de la sociedad californiana, la legislatura aprobó la creación de los *rangers* mediante un decreto firmado por el gobernador John Bigler, el cual provocó más dudas que certezas y suscitó un sinnúmero de críticas.

Parecía un chiste: de acuerdo con el decreto, la compañía de *rangers* no debía tener más de veinte hombres, estaría en servicio solamente tres meses, cada uno de sus miembros recibiría una paga 150 dólares al mes, y si lograban capturar a Joaquín y a sus hombres, recibirían una recompensa de mil dólares que luego, por presiones políticas, aumentó hasta los cinco mil dólares.

Joaquín desestimó el decreto, se burló del gobernador y olvidó la noticia, sin saber que los *rangers* no eran un grupo de improvisados pueblerinos que salían corriendo a las primeras de cambio. Eran prácticamente mercenarios, tiradores profesionales, buenos rastreadores, estaban acostumbrados a recorrer grandes distancias y no conocían el significado de la misericordia o del perdón. Veinte hombres dispuestos a exterminarlo.

El capitán

Para cabrón, cabrón y medio. La única manera de capturar a Joaquín Murrieta, a los demás Joaquines, a Tres Dedos y al resto de la banda de forajidos mexicanos era hacerlo con la misma violencia y crueldad con la que ellos procedían. No había lugar para el diálogo o la persuasión, ni siquiera para una amnistía. Nadie la quería. Todo se reducía a matar o morir. Y ninguno de los involucrados esperaba un destino diferente.

Los alguaciles que representaban a la autoridad y a la justicia pública en los condados de California no estaban a la altura de las circunstancias. No tenían experiencia con la violencia, no se habían curtido echando bala y rara vez lograron detener a algún criminal notable. La mayoría de ellos era gente pacífica y respetada en su comunidad, a la que le había caído el cargo de manera fortuita o porque nadie más quería echarse el tiro.

Salvo casos excepcionales, los alguaciles solían terminar sometidos por hombres más rudos, delincuentes o gatilleros que iban de pueblo en pueblo buscando fortuna, y si algún alguacil envalentonado trataba de hacer valer la ley, lo más probable era que terminara en una fosa del cementerio local, llorado y despedido por familia y amigos.

Por eso, el gobernador de California pensó que la única forma de cazar a Murrieta era con un grupo de hombres cuyas reputaciones, por lo menos, los colocaran en la antesala del infierno.

Harry Love era un hijo de puta. Nació en el estado de Vermont hacia 1809 y sus aventuras comenzaron desde muy joven. No parecía originario de uno de los estados cultos de la Unión Americana, como eran considerados los de la región este, donde se fundaron las 13 colonias.

No era un señorito de refinada educación; al contrario, por su carácter impulsivo y hosco cualquiera hubiera pensado que era hijo del oeste, donde el carácter se forjaba entre una cabellera arrancada y un indio muerto.

Tenía 23 años cuando participó en la guerra contra los indios sauk y fox, conocida como la rebelión de Black Hawk, en 1832. El jefe sauk Black Hawk fue un incansable guerrero que se opuso a la opresión estadounidense; pero, sobre todo, a sus pretensiones territoriales. Participó en varios conflictos, incluso apoyando a los británicos en la guerra entre Estados Unidos y Gran Bretaña de 1812.

En 1832, Black Hawk encabezó una nueva rebelión para recuperar las tierras de su pueblo que se encontraban en Illinois. El movimiento duró apenas unos meses, en los que las tropas norteamericanas masacraron a los indios hasta someterlos. El jefe indio logró salvar la vida, fue perdonado por el Gobierno estadounidense y murió por causas naturales siete años después, el 3 de octubre de 1838.

Para Love, la rebelión de Black Hawk significó su bautizo de fuego, su primer encuentro con las tribus bárbaras, aprendió las formas como había que enfrentarlas y se fogueó con hombres como Zachary Tylor y Winfield Scott, que años después dirigirían los ejércitos estadounidenses en la guerra contra México.

Durante el conflicto indio también conoció a Abraham Lincoln, que sirvió con el rango de capitán, y a Jefferson Davis, futuro presidente de los Estados Confederados de América durante la guerra de Secesión.

La guerra contra los indios desató la bravura y temeridad de Love; así que, cuando estalló la guerra de Texas en 1836, se alistó en el grupo de mercenarios norteamericanos que apoyaron a los texanos. Durante el conflicto conoció al llamado «rey de la frontera salvaje», el famoso filibustero Davy Crockett, que murió en la batalla de El Álamo junto con uno de sus hermanos, y también a Samuel Houston, presidente de la República de Texas antes de que se anexara a Estados Unidos en 1845.

Love estaba hecho para la guerra, para las armas, para vivir en un medio hostil como la línea fronteriza y para perseguir indios. Por eso se incorporó a los *rangers* de Texas. Este cuerpo de seguridad había surgido en 1823, curiosamente en México, en el entonces llamado estado de Coahuila y Texas, a instancias de Stephen Austin, un prestigiado colono estadounidense que junto a varias familias obtuvo el permiso del Gobierno mexicano para asentarse en Texas.

Preocupado por las incursiones que apaches y comanches hacían sobre las poblaciones texanas, en 1823 Austin organizó un grupo de diez hombres bien armados y bien pagados como cuerpo de seguridad que resultó muy efectivo, pues no tenían ninguna otra tarea que salvaguardar la vida de los colonos.

En 1835, en vísperas de la rebelión de Texas, Austin formalizó la creación de los *rangers* con tres compañías de cien hombres cada una. Luego del triunfo de la independencia de Texas en 1836, Love se incorporó al cuerpo armado, en el que hizo carrera y se formó una reputación.

El capitán Harry Love cargaba siempre con su revólver de seis tiros, sabía disparar rifles de repetición, mostraba constantemente su habilidad para lazar y, siempre que la ocasión lo ameritaba, o permitía, presumía su destreza con el cuchillo. Además, desde joven había desarrollado la sensibilidad, la capacidad de observación y la paciencia necesarias para ser un excelente rastreador. Aprendió a identificar las distintas pisadas de los caballos, las razas, los aromas, si marchaban a todo galope o trotaban a paso medio.

Con los *rangers*, Love llegó a la conclusión de que a la barbarie se le hacía frente con la barbarie, donde quiera que fuese. Estos hombres tenían la fama de que «cabalgaban como mexicanos, disparaban como los hombres de Tennessee y peleaban como el mismísimo diablo».

No hubo conflicto bélico de la primera mitad del siglo XIX en Estados Unidos en el que Harry no participara, así que, cuando estalló la guerra entre México y aquel país, el *ranger* se alistó en el ejército de su país, donde alcanzó el grado de capitán. Pero no estaba hecho para la disciplina militar, ni para el orden ni para la paz; su naturaleza era la aventura y, como cientos de norteamericanos, marchó a California cuando estalló la fiebre del oro.

Love estaba acostumbrado a viajar solo. Acampaba cerca de asentamientos mineros; quería conocer el medio, asimilarlo. Pasaba las mañanas viendo cómo hacer negocios y las tardes las dedicaba a una profunda reflexión dentro de alguna cantina. No tardó mucho en percatarse de las condiciones de vida de la región, de la saturación de campamentos mineros y del peligro que se respiraba. Aunque la mayoría de la gente era honesta y trabajaba duro, la situación permitía que estafadores y ladrones prosperaran. Había muy pocos oficiales y muchos criminales, lo que impedía que se atrevieran a aplicar la ley.

A pesar de ser un hombre solitario, nadie molestaba al capitán. Su apariencia estaba más cercana a la de un forajido que a la de un gambusino bonachón en busca de fortuna. Quizá por eso rápidamente desistió de seguir la aventura del oro y se sintió más cómodo como ayudante del *sheriff* de Santa Bárbara hacia 1852, cuando Joaquín Murrieta ya hacía de las suyas en California.

Por aquel entonces no prestaba atención a las noticias que publicaban los periódicos sobre los forajidos mexicanos, ya que el ayudante de *sheriff* Harry Love estaba muy cómodo con su oficio de cazarrecompensas. Sus habilidades de rastreador le permitían capturar con rapidez a los forajidos a los que las autoridades les habían puesto precio. Era una manera honesta de vivir, y dinero fácil, pensaba Love, mientras le servían otro whisky en la cantina.

En abril de 1852, el capitán tuvo conocimiento del brutal asesinato de Allen Ruddle, un ciudadano de Boston que llegó en 1849 a explotar minas. Hallaron su cadáver junto a un arroyo, le habían robado sus pertenencias y seiscientos dólares, que en aquel entonces era una fortuna. La familia ofreció una buena recompensa por la captura de los criminales, los entregaran vivos o no.

Love se hizo acompañar por un amigo y siguió el rastro de los posibles asesinos de Ruddle. Luego de cabalgar por horas, cuando la tarde caía, llegaron a un rancho que parecía abandonado. La gente que vivía ahí dijo no saber nada de los hombres que buscaban, pero Love no quedó convencido e inspeccionó el terreno por su cuenta. No tardó en ver un grupo de caballos que bebían en el arroyo y, conforme avanzaba, aparecieron fogatas, tiendas de campaña y gente que, en cuanto vio a los extraños, se dispersó sigilosamente.

En ese momento no lo supo, pero el capitán se había topado accidentalmente con uno de los campamentos de Murrieta. Tiempo después se enteró de que esa noche se encontraban ahí reunidos los Joaquines y Jack *Tres Dedos*. Love no prestó mayor interés a lo sucedido porque sus razones para estar ahí eran otras, pero no olvidó la ubicación del rancho. A la mañana siguiente, él y su amigo siguieron su camino hasta que lograron aprehender a los asesinos de Ruddle, para luego ejecutarlos.

La familia le agradeció al capitán haber hecho justicia y las autoridades reconocieron su valentía. Algunos quisieron acusarlo de haber aplicado la ley fuga para matar a los delincuentes; pero, con la tranquilidad del que tiene limpia la conciencia, Harry Love aseguró que habían intentado escapar y no tuvo más remedio que dispararles.

De regreso en Santa Bárbara, el capitán Love recordó la escena del rancho «abandonado» y comenzó a recabar información acerca de los Joaquines: cómo operaban, en dónde daban sus golpes, cuáles eran las zonas en que habían cometido sus fechorías. Así fue como supo que muchas rancherías y pueblos ayudaban a Murrieta y sus hombres con alimentos, agua, alojamiento y todo lo necesario para hacer más amables sus andanzas, como él mismo lo había atestiguado recientemente.

Por su experiencia, por la fama de hombre rudo que le precedía, por su consabida crueldad y por el camino de sangre dejado a su paso, no había en todo el estado de California un mejor candidato para encabezar al cuerpo de los *rangers*.

«Nuestro capitán es un hombre cuya valentía es bien reconocida», señaló un articulista del periódico *San Joaquin Republican* luego de su nombramiento. Y continuaba:

> Probablemente la banda de Joaquín nos dé batalla, pero estoy seguro de que los *rangers* son más que capaces para enfrentar cualquier cantidad de hombres que se nos opongan, pues todos han olido pólvora tanto en México como en Texas.

Parecía una ironía que el hombre cuyo apellido era Love fuera un cazador de hombres a quienes no daba cuartel sino hasta verlos colgados de un árbol o sepultados dos metros bajo tierra.

Jinetes del infierno

Sus cartas credenciales parecían expedidas en alguno de los círculos del infierno. W. H. Harvey era juez, pero creía más en la ley de las balas; cargaba en su haber la muerte de Jim Savage, el rey blanco de los indios tulares. El capitán Patrick Edward Connor era un irlandés que adoptó la nacionalidad estadounidense y que había desarrollado un particular gusto por la matanza de indios durante las guerras contra los seminolas, antes de la guerra contra México. Charles Bloodworth, apodado Charlie Sediento de Sangre, se había fogueado como *sheriff* del condado de Merced. A James Norton le llamaban *el terrible marinero*, pero había matado más gente en tierra firme. El comisario William J. Henderson se jactaba de su capacidad para ahorcar hombres con sus manos. Y, por último, Bill Henderson, quien tendría la macabra misión de cortarle la cabeza a Joaquín Murrieta.

El capitán Love quería hombres sin escrúpulos y sin moral para cazar a Joaquín Murrieta; eligió a los mejores. La mayoría eran exmilitares que participaron en la guerra contra México y en las guerras contra los apaches, comanches y otras tribus indias. Se dieron de baja del ejército cuando escucharon el canto de las sirenas de la fiebre del oro y no pudieron rechazar los 150 dólares mensuales que pagaba el Gobierno por ir tras la banda de Joaquín Murrieta. Algunos, insaciables de sangre, volverían a enlistarse al estallar la guerra de Secesión en 1861.

Aunque los *rangers* era una fuerza autorizada legalmente por el Gobierno de California, el capitán Love sabía que la ley era tan amplia y podía prestarse a tantas interpretaciones que tenían carta blanca para hacer lo que fuera necesario en beneficio de la misión y sin la monserga de tener que rendir cuentas. Era el mismo modelo que dio origen a los *rangers* en Texas cuando enfrentaron a las tribus bárbaras. No habría misericordia ni cuartel para los enemigos; pero, eso sí, siempre actuarían en nombre de la ley.

Los *rangers* de California podían tirar de la cuerda presionando a los mexicanos, interrogando gente, comprando voluntades y amenazando, pero nunca llegar a romperla. Si de pronto se les escapaban algunos tiros que mataban a tres o cuatro delincuentes o algún forajido aparecía colgado tras haber intentado trepar a un árbol, si un prisionero se enterraba accidentalmente su propio cuchillo durante una cabalgata o algún enemigo se tropezaba y se desnucaba, ninguna autoridad preguntaría nada. Serían considerados meros accidentes, de esos caprichos imponderables del destino que a veces suceden.

El capitán Love presumía su talento y el de sus hombres ante la prensa, podía ufanarse de sus perversas y muy necesarias cualidades para la naturaleza de su misión, pero sabía que su peor enemigo en esos momentos de mayo de 1853 no eran Joaquín y sus hombres, sino el tiempo. Tenía tres meses para capturar a los bandidos mexicanos.

Ganas no le faltaron para sacar de sus oficinas al gobernador y a los legisladores y arrastrarlos con el caballo para que se dieran cuenta de que, por más rápido que cabalgaran, las distancias en California eran inmensas. Al final, no le quedó más que aceptar las condiciones; pero, aun con el reloj corriendo en su contra, tenía la seguridad de que podría hacerlo.

Luego del episodio de San Juan Bautista, Murrieta les había ordenado a sus hombres dispersarse por todo el territorio de California. Al parecer dio un par de golpes más, logrando quitarles a los gringos cuando menos un centenar de caballos, que llevó a vender a México. Esa fue la última vez que regresó a tierras mexicanas, aunque no se aventuró hasta Hermosillo; cruzó la frontera en Baja California. De pronto, durante un par de meses, su nombre dejó de ser mencionado.

A inicios de 1853, las notas sobre los Joaquines casi desaparecieron de las primeras planas de los periódicos locales, pero en abril, un mes antes de que los *rangers* se organizaran, Murrieta volvió a ser noticia.

De acuerdo con el *San Francisco Herald*, el cabecilla y dos de sus hombres merodeaban el condado de Monterey, al sur de San José, en California. Los testigos no pudieron identificar si uno de sus compañeros era Jack *Tres Dedos*; pero, a diferencia de otras ocasiones, los forajidos no cometieron ninguna tropelía. Llegaron a un rancho en Los Prados Salinas ya entrada la noche y se presentaron ante el dueño, dijeron ser compradores de ganado y estar perdidos.

Para buena suerte de todos, el ranchero era mexicano, quien los recibió con amabilidad y los invitó a cenar. Llamó su atención que el joven más elocuente, el que se había presentado y hablaba con desenfado, cargara con cuatro pistolas y un cuchillo. No le cupo duda, debía ser el jefe del grupo. Tampoco pudo dejar de admirar las monturas en las que habían llegado a su humilde rancho; eran los mejores caballos que había visto en mucho tiempo por esas tierras. Aun así, nada le hizo desconfiar.

El olor de la carne asada, la olla de frijoles, las tortillas, la cerveza y el whisky les abrió el apetito a los fuereños. Hacía tiempo que no se sentaban en una mesa a comer, así que lo agradecieron y disfrutaron la velada.

El ranchero, que no estaba acostumbrado a recibir gente, escuchaba atento las historias de sus invitados y así supo que habían trabajado en las minas de Mother Lode, labor que abandonaron para dedicarse al ganado y otras actividades comerciales sin importancia.

La noche transcurrió entre una historia y otra. Sin embargo, dadas las circunstancias que se vivían por entonces en la región, donde las bandas de criminales encontraron terreno fértil, fue imposible evitar el tema de los forajidos. El ranchero había sido víctima de una banda de gringos; por eso preguntó, con mucho interés, si habían visto a Joaquín y a sus muchachos en la región o si lo conocían. Como todos eran mexicanos, era posible que incluso los hubiera ayudado en alguna ocasión. Quería saber si lo habían aprehendido o si seguía siendo el azote de los gringos.

Ante la insistencia del ranchero, todos callaron. El silencio se había apropiado de la atmósfera cuando alguien dijo: «Están pasando los ángeles», como decían las abuelas en los momentos de silencio que interrumpían una conversación. Todos rieron, pero el joven elocuente se puso de pie, empuñó su pistola y se dirigió al ranchero:

—Señor mío, yo soy ese Joaquín por el que pregunta y le puedo asegurar que ningún hombre me va a capturar vivo, ni siquiera se va a poder acercar a menos de treinta metros de mí mientras tenga estas armas.

El ranchero lo miró con admiración y respeto. Se deshizo aún más en atenciones para sus invitados y les ofreció su casa para pasar la noche. Pero Joaquín rechazó la propuesta con educación, bajo el argumento de que debían seguir su camino.

Se despidieron con afecto y, antes de partir, Joaquín le dio un abrazo al ranchero.

—Seguirá escuchando de mí. Cuente esta historia, que la gente sepa que anduve cabalgando por estas tierras, que estoy vivo y dando guerra; que me venían persiguiendo, pero nunca me agarraron. Lo único que debe guardar para usted es que me conoció personalmente, porque los miserables gringos son capaces de todo con tal de saber más detalles sobre mí.

Antes de que clareara el día, Joaquín y sus hombres se pusieron en marcha.

Murrieta movía sus piezas sobre el tablero de California. Si adelantaba un caballo, el capitán Love respondía con un alfil; si atacaba con una torre, el *ranger* respondía con un enroque. Ambos estaban atentos a las circunstancias, esperando el jaque mate.

La investigación

William J. Howard fue el principal lugarteniente de Love, su hombre de confianza. Tenía 27 años cuando se unió a los *rangers* y era 14 años más joven que el capitán, a quien no conocía personalmente, pero de quien había escuchado muchas de las historias que dieron forma a su reputación. Al igual que Love, Howard había participado en la guerra contra México y, a diferencia de todos sus compañeros *rangers*, él sí había logrado hacer fortuna con la fiebre del oro en el condado de Calaveras para luego avecindarse en el de Mariposa, donde regenteaba una tienda. Tenía visión para los negocios, así que estableció una granja de cerdos y reses, además de sembrar trigo. No le faltaba dinero, pero sí aventuras; necesitaba acción, el olor a pólvora, el sudor bajo el rayo del sol y, de ser posible, un par de ahorcados.

Howard fue el primer hombre al que reclutó Love para unirse a los *rangers*; luego de conocer su reputación, dejó en sus manos el reclutamiento del resto de los miembros. Bill Howard entendió de inmediato lo que Love quería, así que, casi como un requisito, exigió en el resto de los hombres cuando menos que hubieran participado en las guerras indias en Estados Unidos o en la guerra contra México.

Bill no solo había perseguido indios. Ya establecido en California, logró que trabajaran para él y contrató a cincuenta para que cuidaran sus caballos. Debido a la inmejorable posición geográfica de su rancho —se encontraba cerca de donde Joaquín acechaba—, se lo ofreció a Love y el capitán estableció ahí su centro de operaciones.

Pistolas, rifles, municiones, víveres, mapas. No había un grupo mejor equipado en ese entonces que los *rangers* de California. Tenían también los mejores caballos, tiendas para acampar y dotaciones de whisky. Incluso contaban con un médico y un cirujano, quienes también eran diestros en el uso de las armas.

El capitán Love contaba con todo el apoyo político y material del que pudiera disponer, su único problema era que no sabía bien por dónde empezar. Su experiencia y sus cualidades de rastreador no estaban a prueba, pero sin un rastro que seguir no había nada que hacer.

En un principio, reunió todas las noticias que los periódicos habían publicado sobre los Joaquines desde 1852. Anotó lugares, nombres, la forma como perpetraban sus crímenes; solicitó información a las autoridades de San Francisco, Sacramento, Stockton, Los Ángeles; envió a sus hombres a los condados de Calaveras, Mariposa y El Dorado para entrevistarse con los alguaciles e interrogar a la gente, víctimas, testigos, cualquier persona que pudiera darles una pista.

Sus hombres se ensañaron con los mexicanos, sobre todo con aquellos a quienes encontraban en los caminos, en las minas o trasladándose de un pueblo a otro. Para nadie era un secreto que la mayoría, si no admiraba al jefe de la banda, comulgaba con su proceder y estaba de su lado; le conseguían información sobre las autoridades, estaban dispuestos a ayudarlo a escapar y disponían alimento para él, para sus hombres e incluso para sus caballos.

A partir de que los *rangers* comenzaron su búsqueda, a finales de mayo de 1853, era más peligroso ser mexicano que delincuente. Los hombres de Love sembraron el terror en la región porque no estaban dispuestos a fracasar. Incluso en varios momentos prefirieron dejar ir a delincuentes norteamericanos con los que se toparon solo para no perder tiempo.

Love hizo un inmejorable trabajo de investigación, reunió un vasto expediente sobre las andanzas de Joaquín y se hizo de todos los mapas habidos y por haber de California; los marcó, trazó rutas, señaló los lugares donde más denuncias había. Fue una tarea ardua la que el capitán y sus hombres desarrollaron.

Luego de algunas semanas, Love llegó a varias conclusiones decepcionantes: los golpes de la banda abarcaban casi todo el estado de California, por lo cual era imposible que pudiera cubrirlo con veinte hombres; aun con toda esa información reunida, no pudo determinar quién de los cinco Joaquines era el jefe de la banda, al que la prensa llamaba el Joaquín para no confundir a sus lectores.

Ni los interrogatorios, ni los informes ni la prensa arrojaban una descripción precisa e inequívoca. Todo era demasiado ambiguo, lo mismo podía ser un joven fornido de larga cabellera con barba crecida y bigote tupido que un hombre maduro también de larga cabellera con barba y bigote, ¿qué hombre en California en aquella época no se ajustaba a esas características? El mismo capitán Love entraba en esa descripción.

Algunos periódicos señalaban que Joaquín medía casi dos metros y era fuerte y musculoso, pero otros afirmaban que apenas llegaba al metro con sesenta centímetros y era regordete. No se sabía de señas particulares con las cuales lo pudieran identificar. Ningún reporte mencionó jamás su cicatriz en la mejilla.

Al único de la banda que podían identificar era a Jack *Tres Dedos*, a quien lo delataba su propia mano; en cambio, Joaquín podía ser todos y ninguno. Nadie creía que fuera un fantasma, pero aparecía y desaparecía a voluntad; se desvanecía frente a la realidad y no dejaba rastro.

Aunque los periódicos dieron a conocer el perfil de los veinte hombres que conformaban el grupo y la fama que precedía al capitán Love, Joaquín no les temía a los *rangers* porque sabía que iba un paso delante de ellos. Su estrategia de los cinco Joaquines era su mejor defensa: resultaba casi imposible que pudieran identificarlo porque había sido muy cauto y porque lo único de lo que se jactó una y otra vez era de llamarse Joaquín. «¡Yo soy Joaquín!», gritaba frente a la gente cuando aparecía por sorpresa.

Pero tampoco quiso pecar de confiado. Murrieta tomó la decisión de alejarse de la región donde se encontraba el rancho de Howard, en el condado de Mariposa, cuartel general de los *rangers*. Esperaba que el capitán Love siguiera rumiando su impotencia y su frustración. Eso parecía satisfacerle.

«¿Para qué tentar al diablo?», pensó el bandolero mexicano y marchó con sus hombres hacia la región del valle de San Joaquín, donde volvió a poner a las autoridades de cabeza. Dio un par de golpes y obtuvo un cuantioso botín de más de cincuenta caballos que podría vender en México. De regreso al campamento, se reía a carcajadas al escuchar que los temibles *rangers*, esos «jinetes del infierno», habían fracasado una vez más.

La cacería

La noticia desconcertó a Joaquín Murrieta. Uno de sus hombres llegó hasta su campamento para informarle que, según noticias del condado de Mariposa, las fuerzas de Love habían capturado a un hombre que decía ser su cuñado.

«Debe ser una broma», pensó extrañado. Hacía tiempo que había dejado de pensar en Carmen y en su familia, pero le sorprendió que alguien pretendiera hacerse pasar por su cuñado, cuando toda la familia de Carmen se encontraba en Sonora, y si alguno de sus hermanos se hubiera aventurado a California en su búsqueda, jamás habría podido encontrarlo por las mismas razones que hacían fracasar, día con día, la expedición de los *rangers*: Joaquín estaba en todas partes.

Por si fuera poco, ningún periódico había podido escribir correctamente su apellido cuando lo mencionaban con los de los otros cuatro Joaquines. Los gringos eran muy brutos y les era imposible pronunciarlo o escribirlo correctamente: Mu-rrie-ta. En tiempos de paz se había divertido viendo a sus amigos de Hangtown intentar pronunciarlo, pero nomás no había forma.

Por otra parte, nadie en Sonora sabía del triste fin de su amada Carmen. Joaquín se guardó la noticia, y luego de sepultar a su esposa, también desapareció de la faz de la Tierra para sus familiares y conocidos. Nadie supo que aquel joven de trato agradable, buen hijo de familia y devoto esposo se había convertido en asaltante y asesino. Nadie volvió a saber de Joaquín sino hasta tiempo después de su muerte. Por todo eso, la noticia del supuesto cuñado resultaba más que inquietante; habría que esperar para reunir más información.

El mes de junio se fue entre frustraciones, falsas alarmas y algunas escaramuzas que sostuvieron los *rangers* con otras bandas de criminales, pero sin ninguna noticia alentadora que pudiera llevar a la captura de los Joaquines. En los primeros días de julio, el capitán Love dividió a su equipo y, mientras unos se encargaban de patrullar cerca de su centro de operaciones, el capitán cabalgó hacia el oeste con siete u ocho hombres.

Los jinetes debían soportar el inclemente calor del verano, que rebasaba los cuarenta grados, pero también lidiaban con la crecida de los ríos luego del deshielo de las montañas. El agua inundaba algunas zonas y formaba ciénagas que se convertían en trampas mortales, así que debían redoblar las precauciones, prestar más atención al camino y cuidarse las espaldas.

Era la época en que los vaqueros atrapaban manadas de caballos salvajes para luego llevarlos a los pueblos o los ranchos a venderlos, así que no era extraño mirar a la distancia cómo se levantaban enormes polvaredas que delataban su paso por las llanuras y los valles.

Una mañana, el capitán Love divisó una de esas columnas de polvo y decidió seguirla, a sabiendas de que, en uno de sus últimos golpes, Joaquín había despojado a los norteamericanos de medio centenar de caballos y debía cabalgar al suroeste para llegar a la frontera con México. No era una mala idea, pero el capitán no tuvo éxito. Luego de cabalgar por varias horas, alcanzaron a los jinetes: eran gente honrada haciendo su trabajo.

Molesto, el capitán Love y sus hombres llegaron a la vieja misión de San Juan para descansar, comprar víveres y continuar su búsqueda. Por más jodido que hubiera estado el día, Love no podía dejar de beber una botella de whisky completa en la cantina. Si eso no le permitía mantener su equilibrio emocional, poco importaba, había acostumbrado a su garganta a todo tipo de aguardientes, porque en campaña se bebía lo que tuviera a la mano; a sus 44 años estaba hecho para el alcohol y cabalgaba con frecuencia bajo el sopor etílico, que no le hacía perder facultades.

Esa noche en la cantina, después del fracaso con los caballos, el diablo acompañó al capitán Love. Se sentó con él, le invitó unas rondas, se divirtió con sus historias y le dio un inesperado obsequio que otros hubieran llamado golpe de suerte.

La cantina estaba repleta, como todas las noches, y no faltaban los borrachos escandalosos que terminaban vomitando en una mesa o, en el peor escenario, muertos a tiros sobre ella. Siempre imperaba el caos alentado por el aguardiente o la cerveza.

Love y sus hombres chocaban los vasos cuando fueron interrumpidos por un borracho que gritaba arrastrando la lengua:

—Yo conozco a Joaquín, puritita verdad, soy su hombre de confianza, soy su cuñado. —Y agitaba la pistola como buscando pleito.

No había transcurrido ni un segundo cuando sintió en su rostro un culatazo y cayó con la nariz rota y sangrando sobre la escupidera. Los hombres del capitán lo levantaron aún inconsciente y se lo llevaron a uno de los cuartos que habían rentado para pasar la noche. Lo amarraron a una silla y lo despertaron con un cubetazo de agua helada.

Se llamaba Jesús Félix. Durante la primera paliza, entre un golpe y otro, aflojó la lengua. Dijo conocer los rumbos por donde se encontraba el campamento de Joaquín; mencionó que el apellido del jefe de la banda era Murrieta —el cual Love tampoco aprendió a pronunciar correctamente— y que estaba dispuesto a guiarlos a cambio de su libertad una vez que capturaran a Joaquín y sus hombres.

Si en realidad era el cuñado o no, fue algo que a Love no le importó. La información que proporcionó parecía verdadera; no había contradicciones, los lugares que señalaba eran conocidos, todos los atracos que mencionó estaban documentados. No perdió tiempo y le escribió al gobernador sobre la buena nueva, que no fue recibida con tanto optimismo en Sacramento, capital de California desde 1850, cuando fue aceptada como un estado más de la Unión Americana.

El gobernador consideró absurdo que un hombre con la experiencia del capitán le diera crédito a un borracho de cantina; sin embargo, precisamente porque conocía a los borrachos de cantina, la forma como se comportaban y la necesidad de gritar a los cuatro vientos algo tan delicado, Love le había creído.

Atado a la silla y con la camisa empapada de sangre, Jesús Félix pensó que había llegado su fin. Solo esperaba que de un momento a otro lo llevaran a la horca y lo colgaran sin mayor trámite. Pero Love no estaba dispuesto a matarlo y quedarse tan solo con sus dichos. Nada perdía llevándolo con ellos y, antes de marchar, le dijo:

—Si resulta que mentiste, lo menos doloroso que vas a sufrir es que te arrastre con mi caballo hasta San Francisco, y si llegas a sobrevivir, te aseguro que tu mayor deseo será no haberlo hecho.

Si aquel «cuñado» había sido un regalo del diablo o la casualidad, ya no tenía importancia; la fortuna no tenía bandos. Los *rangers* iban por un grupo de cuatreros y asesinos mexicanos cuando, en otras circunstancias, esos veinte jinetes infernales hubieran podido ser perseguidos, acusados de cuatreros y asesinos, también con una gran recompensa por sus cabezas. La justicia era cuestión de perspectiva.

Ni Love ni sus hombres eran mejores o peores que Joaquín y su banda, pero tampoco alguno de los involucrados estaba ahí para reivindicar su causa, hacer el bien o pronunciar algunas palabras emotivas. Todos nadaban en las mismas aguas de la podredumbre. No habría sido extraño que, en algún momento, Love y Murrieta hubieran bebido whisky en la misma cantina, al mismo tiempo, y ni siquiera se hubieran percatado uno del otro.

Pero como la fortuna no sabe para quién trabaja, lo que sostuvo Jesús Félix desencadenó una serie de acontecimientos que llevaron a los *rangers* a encontrar la pista correcta para ir tras Joaquín. Entre todos los detalles que refirió, Jesús no pasó por alto la carpa que estableció Murrieta en Hangtown para jugar monte. El capitán William Burns, otro de los lugartenientes favoritos de Love, y curiosamente homónimo del querido amigo de Joaquín en Hangtown, se sorprendió al escucharlo y gritó:

—¡Lo conozco, lo conozco, sé cómo es Joaquín! —dijo exaltado luego de escuchar a Félix—. Estuve ahí, en esa carpa. Recuerdo haber jugado varias noches, platiqué con él y con otro amigo suyo, un norteamericano. No sé cómo luzca ahora, pero es muy joven, tendrá unos 25 años. De buena presencia, no parece mexicano sino español. Su pelo es castaño, su tez clara. Creo que podría reconocerlo si lo tuviera frente a mí.

El capitán Love sonrió; el diablo había sido generoso. Después de semanas enteras sin ninguna pista, ahora se abrían las puertas del destino y nuevos caminos para llegar a Murrieta. No tenía nada que perder y su intuición y su larga experiencia persiguiendo forajidos le indicaron que debía asumir el riesgo.

La golpiza que le dieron a Félix, sutil procedimiento para sacarle la verdad, terminó horas después y el capitán le dijo a Jesús que cabalgaría con ellos. Si encontraban a Joaquín, lo dejarían en libertad; de lo contrario, como Love se consideraba magnánimo, luego de arrastrarlo por toda California lo refundiría el resto de su vida en alguna miserable prisión.

Cuando Joaquín supo la identidad de quien dijo ser su cuñado, no pudo ocultar su preocupación, y no porque realmente lo fuera —lo único que lo unía con su difunta esposa era que llevaban el mismo apellido, pero no había parentesco alguno—, sino porque el tal Jesús Félix había sido un hombre cercano a él y a los otros Joaquines, y conocía santo y seña de la banda, incluso podría reconocer a cada uno de los cinco.

Félix no era un hombre que se rifara la vida en los golpes que perpetraban. Era torpe con la pistola, los nervios lo traicionaban, pero era un excelente mensajero y cabalgaba con maestría, como si él y su montura fueran uno, por lo que era de los pocos hombres que podían moverse entre los campamentos con rapidez y sigilo, así que conocía los caminos como la palma de su mano y también a los cinco Joaquines.

En una borrachera, Jesús tuvo un desencuentro con varios de los jefes de Murrieta por una tontería. Se atrevió a insultarlos y acusarlos de repartir mal el botín, de quedarse con la mayor parte. Terminó liado a golpes con varios, hasta que Murrieta intervino y de un puñetazo puso en el suelo a Félix.

—¡Aquí todos somos hombres de confianza! —le gritó encolerizado—, es lo único que tenemos, nuestro honor y la lealtad, eso nos une. No te quiero volver a ver por aquí, lárgate. No mereces formar parte de nuestra banda si desconfías de tus compañeros.

Joaquín se arrepentiría de no hacerle caso a Jack *Tres Dedos*, quien le pidió permiso para despacharse a Félix por así convenir a los intereses de la banda. Si lo dejaban libre, podría traicionarlos. Pero esa noche Murrieta no estaba de humor para anotarse una muerte más ni para ordenar una ejecución y lo dejó marcharse.

Habían pasado varios meses del incidente y nadie volvió a pensar en Félix hasta ese momento. Por vez primera, Joaquín se mostró preocupado, no quiso tomar riesgos y les comunicó a sus compañeros que Jesús Félix había caído en manos de los *rangers*. No podían arriesgarse más, viajarían a México para vender los caballos robados y luego se dispersarían para esperar el desarrollo de los acontecimientos.

Una bala en el corazón

Cabalgaron por desfiladeros, cruzaron riachuelos, pernoctaron sin encender una fogata para no indicar su posición. Los *rangers* se internaron por cañones que a plena luz del día parecían boca de lobo, recorrieron caminos que parecían no conducir a ningún lado, pero que de pronto desembocaban en un gran valle o en un páramo. El capitán Love marchaba confiado y confirmó que Jesús Félix conocía el terreno que pisaba.

La mañana del 14 de julio, los *rangers* divisaron una polvareda que debía ser provocada por caballos. Avanzaron lo más que pudieron y a lo lejos observaron un sinnúmero de vaqueros lazando caballos y dirigiéndolos para evitar que se dispersaran.

El capitán no tenía a todos sus hombres, pero no tuvo más remedio que bajar hasta donde se encontraban los vaqueros para interrogarlos. La situación era comprometida porque para esos momentos los *rangers* apenas sumaban 12. El grupo de rancheros era tan numeroso que, de haber querido, hubieran podido asesinarlos y desaparecer sus cadáveres. Nadie habría dicho nada.

Pero Love no era un hombre dubitativo y siempre pensó que su destino lo alcanzaría para morir matando. Antes de acercarse, le pidió a cada uno de sus hombres, sobre todo a Burns, que miraran con atención a los vaqueros para tratar de identificar a Joaquín Murrieta, a Tres Dedos o a cualquier otro forajido del que tuvieran descripciones.

Además les advirtió, so pena de muerte, que no podían disparar, sacar sus armas ni amenazar a nadie a menos que los vaqueros intentaran algo en su contra. No quería acciones arrebatadas o valentonadas. Su objetivo era Murrieta, no demostrar que eran muy machos.

Uno de los *rangers* se quedó custodiando a Jesús Félix. No podían llevarlo con él porque, si eran hombres de la banda de Murrieta, de inmediato sabrían para qué estaban ahí. La tensión recorría el campamento, pero el capitán Love, siempre desenfadado, montó en su caballo, les llamó a sus hombres y se presentaron frente a los vaqueros luego de pasar entre las decenas de caballos salvajes que se movían de un lado a otro.

—Soy el capitán Harry Love —le dijo con firmeza a uno de los vaqueros—. Somos *rangers* del estado de California y tenemos la autoridad para investigar y perseguir bandas de delincuentes. Buscamos ganado y caballos robados en los últimos días. Necesito el nombre de todos, mi gente revisará que sus caballos no estén marcados.

O los *rangers* tenían muchos huevos o despreciaban su vida porque contaron ochenta vaqueros, mientras ellos no pasaban de 11 hombres. Sin embargo, nadie opuso resistencia. Nadie parecía estar dispuesto a dar un paso en falso y que la sangre llegara al río. Solo siete caballos estaban marcados, por lo que fueron confiscados, pero Love les permitió a los vaqueros seguir con su trabajo y él y sus hombres se retiraron del lugar sin mostrar una sola arma.

—Murrieta no estaba entre ellos —dijo Burns en tono lacónico de vuelta en el campamento.

Love no comentó nada, pero por alguna extraña razón no parecía decepcionado. Sus compañeros ahora descansaban junto a una fogata a varias leguas de donde tuvieron el encuentro con los vaqueros, pero el capitán había dejado en el sitio a dos hombres para que no perdieran detalle alguno de sus movimientos.

—Ahí no estaba Murrieta —insistió Burns, como si hubiera sido su culpa.

—No importa —respondió el capitán—. Tengo la certeza de que eran miembros de la banda de los Joaquines. Mañana vamos a seguir su rastro, veremos a dónde nos conducen.

En el campamento de los delincuentes se respiraba un ambiente de intranquilidad. El encuentro tan pacífico y cordial con los hombres de Love era lo más extraño que les había ocurrido en los últimos días. En California todo se arreglaba a balazos, por lo que era incomprensible la decencia con la que se habían comportado aquellos *rangers*.

Las autoridades estadounidenses siempre procedían con despotismo frente a los mexicanos, con insultos, amenazas y vejaciones; pero aquella vez no había sido así, algo por demás sospechoso. Una vez que los *rangers* se retiraron, corrió una orden por el campamento: debían dejar de marcar a los caballos y marchar hacia el sur sin perder tiempo. Los dos hombres de Love los siguieron con precaución hasta que volvieron a acampar.

Murrieta fue informado del encuentro de sus hombres con los *rangers*. Nunca habían estado tan cerca de él. Tenía que llegar a la frontera pronto, pero en su grupo también llevaban decenas de caballos que no podían ocultar. Volvió a dividir la banda para despistar a Love. Un contingente, encabezado por el propio Joaquín, se dirigió al oeste.

Los dos hombres que el capitán Love había enviado para vigilar al contingente de vaqueros regresaron al campamento para informarle que el grupo se había dividido. Ese movimiento le confirmó lo que suponía: era gente de Murrieta, pero ¿a quién debían seguir? Tenía que actuar con rapidez, así que también dividió a su gente, aunque no le gustara la idea. Quizá por coincidencia, quizá por una corazonada, el capitán también tomó rumbo hacia el oeste. Sabía que se estaba jugando todo a un volado; con tan pocos hombres, las posibilidades de que Murrieta pudiera escapar eran muy altas.

El rumbo que siguió Murrieta lo llevó hasta Cantua Creek, una llanura exactamente a la mitad del camino entre San Francisco y Los Ángeles, pero a cientos de leguas de distancia. Parecía el fin del mundo, tierra de nadie, no se veía ni un alma ni había poblados cercanos. Sin duda era la mejor ruta para no encontrarse con norteamericanos.

En Cantua Creek había un arroyo que les permitió a los hombres de Joaquín descansar a toda la caballada y abastecerse de agua. Debido al terrible calor que asolaba California en los últimos días de julio, no podían permitirse andar lejos de ríos o arroyos, porque las bestias podían fallecer deshidratadas. Luego de enviar a un par de exploradores para cerciorarse de que nadie los seguía, Joaquín pensó que ese era un buen lugar para acampar.

Los *rangers* tardaron en acercarse a los forajidos porque el capitán Love mandó llamar a los hombres que siguieron el otro rumbo para formar un contingente más numeroso. Prefirió seguir un solo rastro, jugarse todo a una carta. Si se equivocaba, ya lo pagaría; sobre todo porque estaban por cumplirse dos meses de los tres que les había dado el Gobierno para capturar a Joaquín.

Tenía algunas dudas. Le pareció extraño que el contingente al que perseguían marchara hacia el oeste cuando la lógica indicaba que debían ir al sur, para llegar a México lo más pronto posible y deshacerse de los caballos.

El capitán estaba acostumbrado a enviar una avanzada para evitar trampas o alguna posible emboscada, pero sus rastreadores encontraron el camino franco. La noche del 22 de julio, los *rangers* acamparon cerca de donde Joaquín y su banda se encontraban; pero, por azares de la fortuna, ninguno de los vigías de ambos bandos, encargados de merodear por las noches para evitar alguna sorpresa, se percató de la presencia de los otros.

Esa noche, los gringos no prendieron una fogata para no revelar su posición. Love se mostraba preocupado. No sabía si su decisión había sido acertada y temía que hubieran perdido el rastro, pues llevaban varios días cabalgando y no habían vuelto a toparse con los forajidos de Murrieta.

Al amanecer del 23 de julio de 1853, uno de los *rangers* divisó una columna de humo que develaba la presencia de un campamento.

Love no tenía dudas, habían alcanzado a los Joaquines. Alistó de inmediato a sus hombres, dio instrucciones para que, a su señal, con un movimiento de pinza, lograran cerrar el cerco y cabalgó directamente hacia el campamento.

Su mejor aliada debía ser la sorpresa para confundir a los forajidos, evitar que tuvieran oportunidad de calcular cuántos *rangers* eran y mucho menos alcanzar sus armas. Los hombres de Love aprehendieron a dos guardias que tomaban café despreocupadamente y sometieron a otros cuatro que dormían junto al arroyo.

—¡Ese es Joaquín! —gritó Burns y señaló a un hombre que bañaba a su caballo.

Estalló el caos, la confusión; los hombres de Murrieta se dispersaron en todas direcciones. Algunos tomaron sus armas y comenzaron a disparar.

Tres Dedos se incorporó del catre donde descansaba, tomó su pistola y repelió el fuego. Intentó montar en su caballo, pero un tiro certero mató a la bestia. El lugarteniente de Joaquín no estaba dispuesto a rendirse y le disparó a Love, quien estaba a unos metros de él, pero falló. Uno de los *rangers* lo siguió con la mirada en su huida y lo interceptó; dos tiros certeros acabaron con la vida del famoso Jack *Tres Dedos*.

No hubo un duelo épico entre Murrieta y Love, no se vieron las caras frente a frente ni pelearon cuerpo a cuerpo, tampoco pronunciaron palabras heroicas ni profirieron amenazas e insultos. Cuando se supo identificado, Joaquín subió a su caballo sin sus armas, que se habían quedado en la tienda de campaña. En efecto, se había levantado a bañar a su caballo cuando lo sorprendieron los *rangers*.

El sonorense pudo romper el cerco y alejarse unos metros, pero el comisario Henderson, el mayor de todos los hombres de

Love, con sus 45 años a cuestas y quien se jactaba de ahorcar gente con sus propias manos, inició la persecución.

Aunque hubiera sido una hazaña capturarlo y presentarlo vivo en Sacramento para exponerlo al escarnio público y colgarlo delante de todos, Henderson no quiso arriesgarse a perderlo nuevamente porque el capitán Love lo habría colgado, así que decidió abatirlo.

Solo necesitaba una oportunidad para pegarle un tiro certero a Joaquín, que no tenía forma de defenderse, ya que ni siquiera llevaba el rifle que siempre cargaba en la silla de montar. Henderson detuvo el caballo, sacó su rifle y, haciendo gala de su excelente puntería, disparó. De un tiro atravesó la espalda de Joaquín, pero no fue suficiente para derribarlo. Su compañero John White, que también seguía a Murrieta para interceptarlo más adelante, se percató de que el bandido estaba herido y le disparó una vez más.

Joaquín cayó del caballo; pero, para sorpresa de los dos *rangers*, se incorporó. Sintió el pecho empapado, creyó que era sudor, quizá su camisola estaba mojada por haber bañado a su caballo, pero se mentía a sí mismo. Metió la mano debajo de su ropa y con el dedo índice sintió un orificio de bala. Quizá fue más el instinto de supervivencia que la posibilidad real de escapar lo que impidió que Joaquín se rindiera. No pudo correr más, ni siquiera trotar, caminó buscando otra ruta de escape. Se movía cada vez con mayor lentitud, con un dolor agudo en el pecho y sin más esperanzas, hasta que Henderson lo alcanzó y le disparó al corazón.

El sonorense cayó tendido en el suelo, boca arriba, mirando al cielo. La vida se le escapaba. Dio un último suspiro, sin ninguna queja, sin dolor: era un suspiro que finalmente lo liberaba. Joaquín Murrieta, el hijo de familia que había ido en busca de su hermano a California y se había encontrado de frente con la más cruel tragedia, el amoroso esposo que había visto su hogar arder y a su mujer morir frente a sus ojos, el despiadado forajido convertido en héroe por los mexicanos que ayudó, cayó muerto de tres disparos el 25 de julio de 1853 en Cantua Creek, un páramo inhóspito de

California donde hoy se levanta una modesta placa que indica el sitio en el que perdió la vida.

Minutos después, el capitán Love llegó hasta ese lugar. No apresuró el paso ni cabalgó a todo galope, confiaba en sus hombres y sabía que la tarea estaba concluida. Desmontó con calma y miró el cadáver unos instantes.

—Así que tú eres el Joaquín —murmuró.

No dijo nada más. Pensó en los cinco mil dólares de recompensa y en una botella de whisky. Montó de nuevo su caballo y, satisfecho, le dijo a Burns:

—Córtales la cabeza a Joaquín y a Tres Dedos, a él también córtale la mano; las quiero como trofeo. Carguen los cuerpos y larguémonos de aquí. Nos espera una larga cabalgata hasta Sacramento.

Epílogo

La cabeza de Joaquín Murrieta

La situación no dejaba de ser irónica y macabra: la prensa estadounidense finalmente pudo hacer una descripción minuciosa de Joaquín Murrieta al mirar su cabeza en un frasco lleno de whisky, mientras su cuerpo se encontraba a cientos de leguas alimentando a los gusanos en el fondo de una fosa.

El reportero del *San Francisco Herald* no ocultó su secreta admiración por Joaquín cuando lo describió en la edición del 19 de agosto de 1853:

> La cabeza está casi perfectamente preservada, en ella es distinguible el carácter del personaje en cada una de sus facciones. El rostro es de alguien de complexión mediana, aparentemente entre los 20 y 25 años. La frente es amplia y bien desarrollada; los pómulos están elevados y son prominentes, y la boca indica algo de sensualidad, crueldad y firmeza.
>
> El cabello es largo y de un bello color castaño claro con sutiles tintes dorados. La nariz es grande y derecha, y las cejas que se encuentran a la mitad del rostro son oscuras y frondosas. Se dice que los ojos, ya cerrados, eran de un color azul oscuro con una mirada perspicaz... Alrededor del rostro, alcanzando incluso el labio

superior, hay una ligera barba, aquella de un joven que nunca se ha rasurado.

Debajo de su ojo derecho hay una cicatriz; la marca de algún duelo desesperado. La muerte de este monstruo es una ocasión de regocijo para todos, y todo el honor le pertenece sin duda a los nobles hombres que han liberado a este estado de tan terrible azote.

La gira con la cabeza de Murrieta y la mano de Jack *Tres Dedos* fue un éxito. Por instrucciones del capitán Love, entre agosto y octubre de 1853 sus hombres recorrieron Stockton, Sacramento, San Francisco y la mayoría de los condados donde solía operar Joaquín Murrieta con su banda. Parecía un circo itinerante llevando entretenimiento y diversión a cada plaza.

La pareja de *rangers* en turno respondía las preguntas del público; los hombres de Love contaban la historia de la captura, enaltecían sus andanzas, presumían su valor y hasta daban autógrafos, lo cual hacía de la exhibición toda una experiencia.

La gente hacía largas filas y esperaba durante horas para ver la cabeza y la mano. Pagaban un dólar, que equivalía a un día de salario, para saciar el siniestro morbo que los llevaba a contemplar la cabeza en ese espeso líquido amarillento donde estaba sumergida y cerciorarse de que la mano de Jack realmente solo tuviera tres dedos.

La llegada de las tenebrosas reliquias a los distintos pueblos causaba furor; se imprimían pósteres, se repartía propaganda, se vendían boletos con antelación. En Stockton anunciaron: «Por un solo día se exhibirá la cabeza del renombrado bandido Joaquín y la mano de Jack *Tres Dedos*, el notorio ladrón y asesino. Solo por un día, de 9 a. m. a las 6 p. m. En la casa Stockton».

Sin embargo, junto a la expectación generada y el ánimo triunfalista por la muerte de Joaquín, también surgieron versiones que pusieron en duda que la cabeza fuera de el Joaquín. Se decía que los *rangers* habían dado cuenta de Joaquín Valenzuela o de alguno de los otros Joaquines; que la cabeza cortada no correspondía con los datos que las autoridades guardaban sobre Murrieta, aunque no tuvieran ninguno; que el tono de su piel y su pelo no correspondían a las descripciones; pero, sobre todo, se comentaba que no era auténtica e incluso corrió el rumor de que se trataba de la cabaza de un indio.

En su edición del 13 de agosto de 1853, el *Daily Alta California* señaló:

> La cabeza no parece natural, ya que está decolorada por la sangre que se ha asentado en la cara y en la boca. Sin embargo, ya ha sido reconocida por aquellos que conocían al bandido, puesto que la cabeza tiene una profunda cicatriz en la mejilla derecha. No cabe duda de que este es el Joaquín cuyos crímenes atormentaron el condado de Calaveras el pasado invierno.

Hasta antes de que la autenticidad de la cabeza fuera puesta en duda, Love se dedicó a cabildear por medio de la prensa para que el Gobierno extendiera el contrato de los *rangers*.

El capitán del letal grupo de hombres que había acabado con la oscura leyenda de Murrieta hacía correr el rumor de que, a raíz de la muerte del bandido mexicano, se habían multiplicado las bandas de forajidos en todo el estado y, en su búsqueda, además habían detectado la presencia de guerrillas mexicanas que se movilizaban en el sur de California, lo cual no era cierto, pero nadie podía afirmar lo contrario.

> Murrieta tenía más de dos mil hombres —le comentó Love a un reportero que lo entrevistó—, quería someter y saquear los pueblos del sur para luego retirarse a Sonora. La mayoría de esos hombres siguen libres, se vuelven a organizar, eligen otro jefe y siguen adelante. Es urgente que el Gobierno de California autorice una partida extraordinaria para extender el periodo de operaciones de los *rangers* cuando menos por lo que resta del año.

No obstante, la gente estaba tan acostumbrada a la delincuencia que no prestaba mayor atención a las declaraciones de Love. Quería más información, más detalles, todas las versiones posibles acerca de la captura y muerte de Murrieta: cómo había sido el enfrentamiento, cómo cayó abatido, quién le había cortado la cabeza a Joaquín y la mano a Jack, cómo fue la persecución, todo acerca de la exitosa campaña de los *rangers*.

Conforme se reproducían las versiones que dudaban de la muerte de el Joaquín e insistían en que el muerto no era el jefe de jefes, el capitán Love les ordenó a sus hombres que durante la siniestra gira recabaran declaraciones juradas de gente que hubiera reconocido a Murrieta por haber sido víctima o testigo de uno de sus innumerables asaltos.

Así formaron un gran expediente que presentaban y agrandaban con cada exhibición. Además, Harry obtuvo del gobernador una carta de su puño y letra donde confirmaba que el capitán Love y sus *rangers* habían cumplido su misión a cabalidad.

Por más intentos que hizo Love para extender su contrato, todo fue inútil. El Gobierno decidió no pagar un centavo más. El 28 de agosto de 1853, la compañía de *rangers* fue disuelta. El Gobierno de California no escatimó en sus salarios y la recompensa fue pagada sin poner reparos. La exitosa gira con la cabeza de Murrieta y la mano de Jack continuó con mucho éxito. Lograron reunir cientos de dólares más que el capitán repartió entre todos, antes de separarse de manera definitiva.

A finales de octubre de 1853, tres meses después de la muerte de Murrieta, concluyó la gira del adiós. De común acuerdo, Love y sus hombres votaron por entregarle la cabeza y la mano a su compañero, el capitán Pat Connor, que por entonces era alguacil en el condado de San Joaquín —uno de los lugares donde el Patrio tuvo más actividad—, con la libertad para que hiciera con ambas reliquias lo que le viniera en gana.

La cabeza no descansó en paz. Durante décadas rodó de un lado a otro; fue vendida, subastada, expuesta en cantinas y circos. Finalmente desapareció para siempre durante el terremoto de San Francisco en 1906.

Siempre se dijo que Joaquín Murrieta no había muerto en Cantua Creek, que los *rangers* mataron a otro bandolero. También corrió la versión de que el Joaquín había vuelto a Sonora, donde vivió entre los suyos hasta que la naturaleza dio cuenta de él.

Una más aseguraba que había dejado la vida de forajido y se encontraba en algún pueblo perdido de California. En la década de 1870 se comentaba que, años atrás, una de sus hermanas había sido vista en una de las exhibiciones de la cabeza y, luego de mirarla detenidamente, había expresado: «No es mi hermano».

Como suele suceder con los héroes románticos, los justicieros, los libertadores, se sabe que nunca mueren; permanecen en la memoria de los pueblos.

El corrido de Joaquín Murrieta

Yo no soy americano
pero comprendo el inglés,
me lo aprendí con mi hermano
al derecho y al revés.
A cualquier americano
lo hago temblar a mis pies.

Cuando apenas era un niño,
huérfano a mí me dejaron,
sin quien me hiciera un cariño
a mi hermano lo colgaron,
a mi esposa Carmelita
cobardes la asesinaron.

Yo me vine de Hermosillo
en busca de oro y riqueza,
al indio noble y sencillo
lo defendí con fiereza.

El Gobierno americano
puso precio a mi cabeza.

Y me he metido en cantinas
castigando americanos.
Tú serás el capitán,
el que mataste a mi hermano,
lo agarrastes indefenso,
orgulloso americano.

Parejito, parejito.
Quebradita, quebradita.

No soy chileno ni extraño
en este suelo que piso.
De México es California
porque Dios así lo quiso.
En mi zarape cosida
traigo mi fe de bautizo.

Yo me paseé en California
por el año del cincuenta,
en mi montura plateada
y con mi pistola repleta,
yo soy ese mexicano
de nombre Joaquín Murrieta.

Fuentes consultadas

Anónimo, *Análisis apologético-crítico del juego llamado Monte*, Pamplona, Imprenta de Francisco Erasun, 1854.

Barrios Tinoco, Sonia, «La construcción de la identidad a partir de la violencia: el corrido de Joaquín Murrieta», *452°F, Revista electrónica de teoría de la literatura y literatura comparada*, núm. 6, pp. 75-91, Seattle University, enero de 2012. http://www.452f.com/pdf/numero06/06_452f-mono-sonia-barrios-tinoco-orgnl.pdf

Barros, Diego E., «Un hombre contra los gringos», *Jot Down*, diciembre de 2020. https://www.jotdown.es/2020/12/joaquin-murrieta-contra-los-gringos/

Cadwallader, Kelley, *California's Gold Rush Bandido. The Stories of Joaquin Murrieta*, Lulu Publishing Services, 2015.

DeArment, Robert K., «Don't Shoot Anymore. I Am Dead», *True West. History of the American Frontier*, 22 de abril de 2019. https://truewestmagazine.com/article/dont-shoot-anymore-i-am-dead/

Ellingwood, Ken, «The Many Myths of Murrieta», *Los Angeles Times*, 4 de mayo de 1999, Los Ángeles, CA. https://www.latimes.com/archives/la-xpm-1999-may-04-mn-33684-story.html

Gerassi-Navarro, Nina, «Joaquín Murrieta: ícono de una modernidad disputada», *Cuadernos de Literatura*, vol. 13, núm. 25, julio-diciembre de 2008, Pontificia Universidad Javeriana, Bogotá, Colombia.

Gordon, Thomas J., «Joaquin Murrieta: Fact, Fiction and Folklore», *All Graduate Theses and Dissertations* 2055, Utah State University, 1983. https://digitalcommons.usu.edu/etd/2055

Hernández Silva, Héctor Cuauhtémoc, «Sonora y la guerra con Estados Unidos», *México al tiempo de su guerra con Estados Unidos (1846-1848)*, coordinación e introducción, Josefina Zoraida Vázquez, El Colegio de México/S.R.E, 1998.

Iddings, Ray, *Joaquin Murrieta: The True Story from News Reports of the Period*, CreateSpace, 2016.

Leal, Luis, «El corrido de Joaquín Murrieta: origen y difusión», *Mexican Studies/Estudios Mexicanos*, vol. 11, Invierno, 1995, University of California Press. https://www.jstor.org/stable/1051908

Mamani, Ariel, «Militancia política, identidad y antiimperialismo en la obra *Fulgor y muerte de Joaquín Murrieta* de Pablo Neruda», *AURA, Revista de Historia y Teoría del Arte*, núm. 3, junio de 2015, Universidad Nacional del Centro de la Provincia de Buenos Aires. http://www.ojs.arte.unicen.edu.ar/index.php/aura/article/view/242

Mckee Irwin, Robert, «Joaquín Murrieta: cultura popular, migración y los límites de la literatura latinoamericana»,

Cuadernos de Literatura, vol. 13, núm. 25, julio-diciembre de 2008, Pontificia Universidad Javeriana, Bogotá, Colombia.

Parins, James W., *John Rollin Ridge. His Life and Works*, Universidad of Nebraska Press, 2004.

Paz, Ireneo, *Vida y aventuras del más celebre bandido sonorense Joaquín Murrieta. Sus grandes proezas en California*, Arte Público Press, University of Houston, 1999.

Rojas, Manuel, *Joaquín Murrieta, El Patrio: el «Far West» del México cercenado*, México, Gobierno del Estado de Baja California, 1986.

Secrest, William B., *The man from the Rio Grande: A Biography of Harry Love, leader of the California Rangers who tracked down Joaquin Murrieta*, The Arthur H. Clark Company, Sopkane, Washington, 2005.

Trejo Raygadas, Ángel, «La realidad y el mito de Joaquín Murrieta El Patrio», *Buzos*, 19 de diciembre de 2016. https://www.buzos.com.mx/images/pdf/buzos747/44-ESCAFANDRA-747.pdf

Weiser, Kathy, «Joaquin Murrieta – Patriot or Desperado?», *Legends of America*, febrero de 2020. https://www.legendsofamerica.com/ca-murieta/